新版

児童生徒に聞かせたい

名言1分話

柴山一郎

学陽書房

イラスト　柴山一郎

もくじ

第1章

人間

野の百合を見よ。ソロモンの栄華の極みの時だにも、その装いこの一つの花に及ばざりき。

イエス・キリスト（前４？～後29？）ユダヤ・キリスト教始祖

人間が豪華な御殿に住み、豪華な衣装を着て、豪華な食べものを食べても、そこに真の幸福はなく、野に咲く百合の花のいのちの輝きにはとうてい及ばない、という意味です。この言葉の意味を違った言葉で福沢諭吉は『福翁自伝』の中で次のように言っています。「粗衣粗食、一見看《み》る影《かげ》もない貧書生でありながら、智力思想の活発高尚なることは王侯貴人も眼下に見下す」と。また、「自ら労して自ら食うは人生独立の本源なり」とも言っています。諭吉の思想は文明開化と独立自尊ですが、百年後の現在の日本を見たらなんと言うでしょうか。

出典　福沢諭吉／近代思想研究会編『福沢諭吉のことば』（新文学書房）

一隅を照らす是れ国宝なり。

伝教大師（最澄）（767～822）日本・比叡山延暦寺開祖

『トイレ磨きは心磨き』という鍵山秀三郎さんの話を紹介します。鍵山さんは自動車用品会社「ローヤル」創業時、理想の会社作りにはいい人材が必要と考え、そこでとりくんだのが職場をきれいにすることでした。まず素手のトイレ掃除を一人で始めましたが、社員の評判は悪く、それでもトイレ掃除を続けたそうです。十年を過ぎると社員の態度が変わり、トイレ掃除を手伝うようになり、美しいトイレの心地よさを知って会社全体がみるみるきれいになったそうです。それがメディアに報道され「掃除に学ぶ会」が発足、全国各地から海外にまで広まったのです。

出典　『日本経済新聞文化面』（平成十八年三月二十一日付）

おごれる人《もの》も久しからず、只《ただ》春の夜の夢のごとし。

琵琶法師　日本・中世、盲目僧形の芸能者

この言葉は、有名な『平家物語』の冒頭にあります。

「祇園精舎《ぎおんしょうじゃ》の鐘の声、諸行無常《しょぎょうむじょう》の響《ひびき》あり。沙羅双樹《しゃらそうじゅ》の花の色、盛者必衰《じょうしゃひっすい》のことわりをあらはす」

という名文句で始まり、

「おごれる人《もの》も久しからず、只春の夜の夢のごとし。たけき者も遂にはほろびぬ。偏《ひとへ》に風の前の塵《ちり》に同じ」

と続きます。

『平家物語』は権力の頂上にある平家一門のおごりとほろびの姿を見事に描きだしています。

日本だけでなく世界の歴史を見ても、多くのおごれる人々が滅んでいきました。

これからも見ることになるでしよう。

人間はあやまちを冒《おか》さずには生きられない悲しい存在だ。

親鸞（1173〜1262）日本・浄土真宗開祖

親鸞は九歳で出家し二十年近く比叡山で修行、二十九歳で法然の門に入り専修念仏の信仰に帰依。やがて念仏宗は後鳥羽上皇に弾圧され、師法然は四国に、親鸞は越後に流されました。

四年間の配流生活ののち赦免になりました。その間に恵信尼と結婚し、その縁戚を頼って関東（常陸）へ二十年に及ぶ布教の旅に出ます。

六十歳頃に京都へ戻り、法然の思想をさらに深め、九十歳で亡くなります。

この言葉は、人間は「煩悩《ぼんのう》の徒」で、誤ちを冒してはいけないと思いながら冒すものだが、念仏（キリスト教では懺悔《ざんげ》）を唱えることで救われるという意味です。

人間五十年、下天の内をくらぶれば、夢幻のごとくなり。一度生を得て滅せぬ者のあるべきか。

織田信長(1534〜1582)日本・戦国時代の武将

この言葉は信長が天下統一の基礎を作った「桶狭間の戦い」の前に歌った歌の一節です。人間の一生はたったの五十年、夢幻のようなものだ、人間は誰もが死ぬ、と信長は言うのです。夢幻だからこそ必死で行動せよ、と言うのです。

信長は人生を夢幻とみることによって冷静に決断し、果敢な行動に出たのです。そんな信長のことを、ポルトガルの宣教師ルイス・フロイスは、「神仏も来世も信じない徹底的な合理主義者だ」と言っています。比叡山の焼討ちや一向門徒の虐殺も、中世的・宗教的権威を砕かねば近代は構築できぬと示したかったのでしょう。

出典　太田牛一『信長公記』(新人物往来社)ほか

人間には上中下の三種類がある。

鍋島直茂(1538〜1618)日本・佐賀藩始祖

鍋島直茂は、人間には上中下の三種類がある、と言いました。

「上というのは、他人のいい分別《ふんべつ》(考え)を学んで、自分の分別にすることである。中というのは、他人から意見をされて、その意見を自分の判断に変える人間である。下というのは、他人から良いことを言われても、ただ笑って聞き流す人間をいう」

そして次のように言いました。

「上の人間は、他人のいいところを自分の胸から腹に飲み込んでもう一度吐《は》きだす。

中は、他人から学んだことを胸まで飲みこむが下に落とさない。

下はどんなに良いことを聞いても耳に入らない」と。

出典　神子侃編著『戦国武将の語録』(徳間書店)

心は天国をつくり、また、地獄をつくる。

ミルトン(1608〜1674)イギリス・詩人

心はいろいろな意味に使われていますが、普通には生物の身体《からだ》に対して精神作用をさしています。「こころ」と「からだ」というように。

日本では「こころ」という言葉は、注意を集中する意味の「凝《こ》る」からでたもので、感情や欲求の働きをつかさどる心臓から発するものとされました。

次の詩はかつて私が担任した中学二年生の作です。

「心と心のふれあい、人々の心、目には見えないもの、それが心、心とは一体何だろう、目には見えない、自然にふれあう、淋しい気もち、嬉しい気もち、私たちはたくさんの心をもっている。

そんな心をうまく治めるのはむずかしい」

人間は考える葦《あし》である。

パスカル(1623〜1662)フランス・科学者、哲学者

パスカルは幼時から天才と言われ、十代で「円すい曲線試論」を発表、計算器を発明、成人後は「パスカルの原理」、確率論、微積分学の創始者となり、遺稿『パンセ』は人間を広く深く洞察した名作。

「人間は一本の葦である。自然のうちで最も弱い葦にすぎない。しかし、それは考える葦である。これをおしつぶすのに宇宙全体が武装する必要はない。

しかし宇宙が人間をおしつぶす時も、人間は彼を殺すものよりも高貴であろう。なぜなら人間は宇宙が自分より勝ることを知っているからだ。宇宙はそれを知らない。だからよく考えよう。そこに道徳の原理がある」

出典 パスカル『パンセ』(中央公論新社)

汝の祖先を思い、汝の子孫を思え。

アダムズ（1767〜1848）アメリカ・第6代大統領

アダムズは第二代大統領アダムズの子、外交官として活躍後、モンローの下で国務長官となり、モンロー主義の推進者となりました。大統領になってからは議会内に反対者が多く、苦労の連続でした。

この言葉は、一八二五年のプリマスにおける演説の一節です。

私たち一人一人は何百万人もの祖先の生命の延長であり、祖先の持っていた素質を全部受けついでいます。

筆者の家では朝ごはんを炊くと一番に仏壇にお供えし、家中で祖先に一日の平安を祈ります。

また私たちは何百万人の子孫に生命を伝えます。立派な子孫を残すために自分を鍛えねばなりません。

愛せよ。人生において良いものはそれのみである。

サンド（1804〜1876）フランス・作家

ここでは「無財七施」（むざいのなせ）の話をします。この言葉は大蔵経という仏典の中にあり、金も地位もない寝たきり病人でも七つの施《ほどこし》ができるという意味です。

眼施（げんせ）優しいまなざしで周りの人々を明るくすること。

和顔悦色施（わげんえつしきせ）笑顔で相手に接すること。

言辞施（げんじせ）優しい言葉をかけること。

身施（しんせ）体を使って人のため世のため役に立つこと。

心施（しんせ）感謝の心思いやりの心は自然にあふれでること。

牀座施（しょうざせ）場所席をゆずりあうこと。

房舎施（ぼうじゃせ）一宿一飯の施《ほどこ》しを与えること。

天は自ら助くる者を助く。

スマイルズ（1812〜1904）イギリス・作家

この「天」は「神」と置き換えてもいいでしょう。

つまり、自分のやるべきことを自らの力でやりとげようと最善を尽くす人こそ、神が助けるはずだという意味です。

西郷隆盛は、「人を相手にせず、天を相手にせよ」と言い、ドイツの詩人シルレルは「勇者は一人ある時に最も強し」と言っています。

一人ある時、と言っていますが、実は一人ではなくて神とともにあるのですから、なまじっか人とともにあるよりもずっと強いわけです。

「心すべからく蓋世《がいせい》の気あるべし」（朱子）「蓋世の気」とは世を被う気概。

意気盛んな明治の青年に比べ、今の青年は気迫不足では。

世に生を得るは、事を為《な》すにあり。

坂本龍馬（1835〜1867）日本・幕末の志士

坂本龍馬は土佐の藩政に不満を抱き脱藩、江戸の勝海舟の門に入りました。

西郷隆盛を龍馬に紹介した勝海舟は、「西郷は鐘のような人物、小さく打てば小さく鳴り、大きく打てば大きく鳴る」と言ったそうです。西郷は龍馬を「あんなに度量の大きな人物は見たことがない」と賛嘆したといいます。

二人の器《うつわ》の大きさがわかります。

龍馬は漢学中心の古くさい教育からぬけだし偏見が全くなかったので、誰とでもつきあいができたのです。そこで敵対関係だった薩摩藩と長州藩の手を結ばせ、後藤象二郎を説いて大政奉還の建白書を出させました。

彼は事を為したのです。

天は人の上に人を造らず、人の下に人を造らず。

福沢諭吉（1835〜1901）日本・教育家

天は人の上に人を造らず人の下に人を造らずといえり。

されば天より人を生ずるには、万人は万人みな同じ位にして、生まれながら貴賤上下の差別なく、もって衣食住の用を達し、自由自在、互いに人の妨げをなさずして各々安楽にこの世を渡らしめ給うの趣意なり。

されどもいま広くこの人間世界を見渡すに、かしこき人あり、おろかなる人あり、貧しきもあり、富めるもあり、その有様雲と泥との相違あるに似たるとはなんぞや。

されば賢人と愚人との別は、学ぶと学ばざるとによってできるものなり。

出典　福沢諭吉／近代思想研究会編『福沢諭吉のことば』（新文学書房）

百の欠点より一つの長所を伸ばせ。

ルノアール（1841〜1919）フランス・画家

ルノアールはリモージュの仕立屋に生まれ、少年時代はセーブルの陶器工場で絵付け職人として働きました。

二十歳でグレールに入門、モネ、シスレーらと交わり、印象派運動を起こし、一八八一年イタリアに旅してイタリア・ルネサンスの厳しい線の追求に感銘を受けました。九〇年代には印象派の本流から離れて独自の色彩家として赤味を帯びた果実のような色彩で豊満な裸婦を描きました。

晩年リウマチで手足がきかず、絵筆を手首に結びつけて描いたそうです。

上の言葉は、長所を伸ばせば欠点が消えるというもので、数度の挫折を乗りこえた画家の教訓です。

人知らずともわが良心これを知る。

新島襄(1843～1890)日本・同志社大学創立者

新島襄は明治初期のキリスト教の代表的教育者で同志社大学の創立者です。漢学・蘭学を学び、国禁を犯し渡米、アマースト大学卒業後帰国、同志社英学校を開校しました。

学生を罰せず、自分の左手を鞭打つ愛の教育家として自由自治の教育原理を強調しました。

この言葉はキリスト教精神に基づくもので、「良心」を「神」と置きかえてもよいでしょう。

名前の襄は、アメリカ船のボーイになった時「ジョー」と呼ばれ以後そう名乗ったからだそうです。

彼は「他人に小言を言われたとき腹を立ててはならぬ。また腹の立ったとき小言を言ってはならぬ」とも言っています。

人間を恐れるな。

武者小路実篤(1885～1976)日本・作家

武者小路実篤は学生時代トルストイの思想に感動し、志賀直哉と雑誌『白樺』を創刊、大正七年(一九一八)〝新しき村〟を建設、調和的共同体の実現に努力するかたわら、多くの作品を書きました。

「怖《こわ》くもない人間を恐れるほど馬鹿げたことはない。私は臆病でない人間を知らない。

大胆そうな顔をしている男も、実は臆病者であり、小心者であることを知っている。ただ度胸が出来、それをあるところでごまかしているだけだ」

これは彼の感想集『自畫像』(筑摩書房)にある言葉です。

臆病者は徒党を組んで威張ります。弱者をいじめます。本当は意気地なしです。

諸君は明日の日本であり、世界である。

ネール(1889〜1964)インド・政治家

皆さんは明日を担う日本人ですが、昨日の日本人はどうだったのでしょう。

約四百年前、江戸時代の初めに外国人の見た日本人はどんなだったでしょうか。

宣教師フランシスコ・ザビエルは、インドの友人に書いています。

「この国民は私たちが接触した国民の中で一番傑出している。彼らは素質がよく、悪意がなく、名誉心は特に強烈だ。大抵貧乏だが武士でも町人でも貧乏を恥辱《ちじょく》とは思っておらず、金銭より名誉を大切にしている。住民の大部分は読み書きができる。彼らは盗みの悪を憎む。盗みについてこんなに信用すべき国民はない。克己心・知識欲に富む」と。

世界がぜんたい幸福にならないうちは、個人の幸福はあり得ない。

宮澤賢治(1896〜1933)日本・詩人、童話作家

平成八年は宮澤賢治生誕百周年ということで地元の花巻をはじめ全国的な規模で、映画・演劇・テレビ・雑誌・書籍など賢治を顕彰するイベントが展開されました。それほど『銀河鉄道の夜』などを書いた賢治は日本人の心に訴えるものがあったのです。それは賢治がはっきりとした生活者の自覚に立っていたということです。つまり、賢治の作品には人生に対するたぎるような情熱が注ぎこまれているのです。そして賢治は、この「地球の幸福」を身をもって念願した人であり、その念願を真に生きた人だったのです。そこで死後に様々な視点で賢治研究が書かれたのです。

出典　宮澤賢治『農民藝術概論綱要』(筑摩書房)

みんなちがって、みんないい。

金子みすゞ(1903〜1930)日本・童謡詩人

私と小鳥と鈴と

私が両手をひろげても、
お空はちっとも飛べないが、
飛べる小鳥は私のように、
地面《じべた》を速くは走れない。

私がからだをゆすっても、
きれいな音は出ないけど、
あの鳴る鈴は私のように、
たくさんな唄《うた》は知らないよ。

鈴と、小鳥と、それから私、
みんなちがって、みんないい。

金子みすゞは「童謡詩人の巨星」といわれましたが、二十六歳で愛児一人を残しこの世を去りました。

出典『金子みすゞ童謡全集』(JULA出版局)

我執《がしゅう》に囚《とら》われず、慈悲心を持て。

西岡常一(1908〜1995)日本・宮大工

西岡常一は奈良県生駒《いこま》郡斑鳩《いかるが》町西里の宮大工の家に生まれました。

幼児の頃から祖父常吉に仕事場に連れ出され、鉋《かんな》のかけ方などの仕事を見ながら育ち、十七歳で見習い大工として働き始めました。

戦争で出征、戦後、昭和の大修理といわれる法隆寺、薬師寺の再建に宮大工棟梁として働き、千年前の匠《たくみ》の技《わざ》を見事に蘇《よみがえ》らせたのです。彼は言います。「木も人も自然の分身ですがな。この物いわぬ木とよう話し合って命ある建物に変えてやるのが大工の仕事ですわ。木の命と人の命の合作が本当の建築でっせ」上の言葉は彼が木から教わった名言でしょう。

出典　西岡常一『木のいのち木のこころ〈天〉』(草思社)

幸せを与える人は美しい。

田中澄江（1908〜2000）日本・劇作家

平成八年、八十八歳を迎えた田中澄江さんの著書『老いは迎え討て』の中の一節にある言葉です。

この本には、明治、大正、昭和、平成と生きぬいてきた先輩の人生の知恵がいっぱいつまっています。

彼女は次のような人は大嫌いだと言います。人の悪口を言う人、ぐちを言う人、告げ口を言う人、自慢する人、人をけなす人、責任をとらない人、陰口を言う人、大声で笑う人。

「飛行機の中で泣いている赤ちゃんを叱りつける母親がいた。その時、私があやしてみましょう、とスチュワーデスが優しくあやした。その顔は母親より美しかった」と。

出典　田中澄江『老いは迎え討て』（青春出版社）

諸君が国家に何をなしうるかを考えよ。

J・F・ケネディ（1917〜1963）アメリカ・第35代大統領

この言葉は、ケネディ米国大統領が、一九六〇年、大統領就任演説で発表した文章の中の一節です。

「だからアメリカ国民諸君、国家が諸君のために何をなしうるかを問うのではなく、諸君が国家に何をなしうるかを考えよ。

世界中の同胞諸君、アメリカが諸君のために何をなしうるかを問うのではなく、われわれがともに、人類のために何をなしうるかを考えよ」

ギリシアに発生した民主主義の理念は、もともと「都市国家アテネのために市民たちがどれだけ尽くせるかという点にあり、最も尽くせる人を政治家に選び、一般市民も国家に尽くす」という考えでした。

第2章

人生

われ十有五にして学に志《こころざ》し、三十にして立ち、四十にして惑《まど》わず、五十にして天命を知り、六十にして耳順《したが》う。七十にして心の欲する所に従えども矩《のり》を越えず。

孔子（前551～前479）中国・儒教始祖

これは孔子が自らの修行の経路をふり返って述べた言葉です。

十五歳で人間として生きるための学問研究を始め、三十歳で完全にその学問を修め、自分の使命である社会の教化、伝道に立ちあがった。

四十歳までは世の中の現実にぶつかっていろいろな悩みや疑惑が生じたが、四十歳になって信念が固まり迷うこともなくなった。

五十歳で生涯をかけてなすべき使命がよく見えるようになり、その使命実現のために努力を続けた。

六十歳で人の言う事を何でも受け入れることができるようになり、七十歳で初めて思うまま行ってもみな道徳を外れる事がない、と。

出典　孔子『論語』

百里を行く者は九十里を半ばとす。

『戦国策』中国・古書

筆者の家の庭の手入れに植木屋さんが来てくれた時のことです。

杉の木や松、椿、柘植《つげ》などの木の枝を払ったのですが、親方と若い衆が二人でみるみるうちに無駄な枝を払い、きれいに剪定《せんてい》されていきます。最後に残った一番大きい杉の木に登った若い衆が、下から枝を払って木のてっぺんに登りました。

作業が終わったあと降り始め、あと少しで地面に届くという時、「待て」という親方の大声が響きました。

「あと少しになった時油断がでるんだ。高い所では緊張して注意していたのにもう少しという所で安心して気が緩《ゆる》むんだ。もう少しの所を半分だと思え」と。

人生、意気に感ず。

『唐詩選』中国・古書

「意気に感ず」とは心と心が共鳴するさまを言います。

この言葉は『唐詩選』の冒頭にある「述懐」と題する詩ですが、作者は魏徴《ぎちょう》という人物です。

唐の二代目皇帝太宗《たいそう》は名君といわれていますが、魏徴はその臣として厳しい諫言を恐れることなく申し出て太宗の治世を正したといいます。

「豈《あ》に艱険《かんけん》を憚《はば》からざらんや、深く国士《こくし》の恩を懐《おも》う。季布《きふ》に二諾《にだく》なく、侯嬴《こうえい》は一言を重んず。人生、意気に感ず、功名《こうみょう》誰か復《ま》た論ぜん」

国士として自分を遇してくれた天子の恩に報いたい、というのです。

今の世、打算だけの人間関係が多く寂しいと思います。

バカゲタという下駄をはき、エンの下のカ持ちという餅を食べ、カンニン袋という袋を腹に巻いて、世を渡ると間違いない。

西行（1118〜1190）日本・歌人

この言葉は、児童会や生徒会、学年や学級の委員や係などを引き受けることにも通じています。

自分のことだけやればいいのに、人のためにつくすということは、バカゲタことかもしれません。そのバカゲタことを進んでやるのです。

エンノシタノチカラモチというのは、人からなんといわれようと、ぐっとがまんして仕事を投げださないということ。そしてカンニンブクロを腹にしめるというのは、ガマンするということです。

生徒会や学級の係など、みんなのためにつくす、バカゲタことと思っても人のためにやる、骨を折って頑張る、そんな人でありたいものです。

順境にいるとき、逆境に備えよ。

『菜根譚《さいこんたん》』中国・古書

「順境」とは仕事も家庭も人間関係もすべてがうまくいっている時のこと。そんな時は人は有頂天になって得意満面、金が入れば高価な品物を買い、ご馳走を食べてぜいたく三昧です。

ところが人生はいつもうまくいくとは限りません。そんな時、順調な時に蓄《たくわ》えをしておかないと路頭に迷うことになります。そこで順境にいるときに逆境に備えよ、というのです。

「備えあれば憂いなし」です。これは各教科の勉強や部活動についても同様です。

中国明時代の洪自誠が書いた『菜根譚』には、こういう教訓的な語録がたくさん述べられ、わが国でも広く愛読されてきました。

他人に益なきことは、何らかの価値なし。

フランス・ことわざ

『いっしょうけんめい生きましょう』という本は、元文部大臣永井道雄さんのお母さんが、八十二歳から八十八歳で亡くなるまでの五年間に書いた三六五日の「一日一言」集です。明治・大正・昭和三代を生きたお年寄りが病気のベッドで自分の生きた歴史を書きあげたもので、生命力に驚きます。

「自分などいてもいなくてもこの社会にとってどうということはないと考える人間になることが一番恐ろしい。無責任な行為はそこから生まれ、自分の命すら投げやりになります。自分がやらねば誰がやるとかけがえのない人間として努力してこそ価値が生じるのです」

出典　永井次代『いっしょうけんめい生きましょう』（講談社）

常に己《おのれ》の進路を求めて止《や》まざるは水也《なり》。

王陽明（1472〜1528）中国・学者

王陽明は十六世紀の中国の学者であり政治家です。

この言葉は王陽明伝と言われている『水五訓』の中の第一にあげられている言葉です。

水五訓

一、常に己《おのれ》の進路を求めて止《や》まざるは水也《なり》。

一、自ら活動し他を動かすは水也《なり》。

一、障碍《しょうがい》に遭《あ》い激《げき》してその勢力を百倍するは水也《なり》。

一、自ら潔《いさぎよ》うして他の汚濁《おだく》を洗い、然も清濁併《せいだくあわ》せ容《い》るるは水也《なり》。

一、洋々として大海を充《みた》し、発して雨となり雲と変じ、凍《こお》っては玲瓏《れいろう》たる氷雪と化す、而《しか》もその性を失わざるは水也《なり》。

千の喜びも一つの苦しみに値しない。

ミケランジェロ（1475〜1564）イタリア・芸術家

ヴァチカンのシスティーナ礼拝堂の天井画で有名なミケランジェロは、彫刻家・画家・建築家です。

彼は母親が病弱のため石工の家に預けられ、石を刻む音を子守歌に成長したのです。

十三歳の時、サンマルコ修道院の庭で古代ギリシア・ローマ時代の彫刻に出会い、十五歳で名作「階段の聖母子」を描いています。

六歳で母を失った彼の母への思いが作品に刻まれています。

天井画は三十三歳から四年間、正面の「最後の審判」は六十歳から六年間、困難を極めた制作からこの名言は生まれたのでしょう。

「絵の具がしたたり落ちて顔が床模様になった」そうです。

難有り、有難し。

『禅語』日本・仏教古書

西暦前四世紀、マケドニアのアレキサンダー大王は、ヨーロッパ、アジア、アフリカにまたがる大帝国を樹立した英雄です。

　このアレキサンダー大王がギリシア平定後、ペルシアに遠征した時のことです。ペルシアに至るには広大な砂漠があります。全軍は炎熱の中を悪戦苦闘、頼みのオアシスも見つからず、数万の将兵は水を求めてあえぎました。その時ひとりの兵士が冑《かぶと》に水を満たして大王にさしだしたのです。その水をこぼした大王は、「許せ、私一人のどをうるおすことはできぬ。困難は皆と共に有難く受けようではないか」と。皆感動したそうです。

出典　鈴木健二ほか『人を動かす「名言・逸話」大集成』（講談社）

いまといういまなる時はなかりけり、まの時来ればいの時は去る。

『禅語』日本・仏教古書

この言葉は、筆者が勤めていた学校の近くにあった禅寺の山門の掲示板に張られた紙に書かれてあった言葉です。

　なんという恐ろしい言葉でしょう。

　仏の教えを修行するお坊さんの心構えのすごさに驚かされます。

「今」との出会いは自分の一生の中でただの一度しかないのです。だから「今」を大切に見つめようというのです。今は今しかない、今は二度と帰ってこない、だから今を精一杯生きていこう、というのです。

　そこから、「一期一会《いちごいちえ》」という言葉も生まれたのです。

　人との出会いだけでなく、今という時との出会いも大切なのです。

老人には経験という宝物がある。

武田信玄(1521〜1573)日本・戦国時代の武将

伊豆に鹿島という高名な武士がいたそうです。

　信玄が話相手に頼むと「私は隠居の身です。話相手にはなりません」と断ると、信玄は、「いや、そうではない。老人にはしわとしわの間に経験という大切な宝物が潜《ひそ》んでいる。どうかその宝物を、後に続く世代に役立てて頂きたい」とさらに頼みました。

　鹿島は「さすが信玄公は名将だ」と言って喜んで甲府へ行ったということです。

　信玄は鹿島の話を全部メモしたといいます。

　日本人の平均寿命は男女とも世界最長寿国になりました。お年寄りから生きる知恵を学びましょう。

出典　岡谷繁実『名将言行録』(岩波文庫)

宝在心(宝は心にあり)

上杉謙信(1530〜1578)日本・武将

上杉謙信『家訓十六ヶ条』

一、心に物なき時は心広く体泰《やすらか》なり。
一、心に我侭《わがまま》なき時は愛敬失わず。
一、心に欲なき時は義理を行う。
一、心に私なき時は疑うことなし。
一、心に驕《おご》りなき時は人を救う。
一、心に誤《あやま》りなき時は人を畏《おそ》れず。
一、心に邪《じゃ》見なき時は人を育つる。
一、心に貪なき時は諂《へつら》うことなし。
一、心に怒りなき時は言葉和かなり。
一、心に堪忍ある時は事を調《ととの》う。
一、心に曇りなき時は心静かなり。
一、心に勇ある時は悔むことなし。
一、心賎《いや》しからざる時は願《ねがい》好まず。
一、心に孝行ある時は忠節厚し。
一、心に自慢なき時は人の善を知り。
一、心に迷いなき時は人を咎《とが》めず。

人の一生は重荷を負うて遠き道を行くがごとし。

徳川家康（1542〜1616）日本・徳川幕府創始者

家康が竹千代といった幼年の頃、駿河の今川義元の人質でした。義元は部下に、「むごい教育をせよ」と命じました。

部下が「むごい教育とは何ですか」と聞くと、「寒い時は暖かく暑い時は涼しく、毎日うまいものを食べさせよ。大抵の子はダメになる」と。

しかし家康はダメになりませんでした。お家再興という目的があったからです。

「人の一生は重荷を負うて遠き道を行くがごとし。急ぐべからず。不自由を常と思えば不足なし。心に望み起こらば困窮したる時を思え。堪忍は無事長久の基。怒りは敵と思え。勝つことばかり思うな。おのれを責めて人を責めるな」

険《けわ》しい丘に登るためには、最初はゆっくり歩くことが必要である。

シェイクスピア（1564〜1616）イギリス・劇作家

シェイクスピアは二十二歳の頃、妻子を中部イングランドの田舎に残し、ロンドンに出ました。

小学生の時、父親が事業に失敗したため学校をやめ、家のために働き続けてきたシェイクスピアには学歴も資格もありません。まともな仕事につけず、ある劇団の馬番になりました。

役者が舞台で芝居を演じているのを見て、「俺も役者になろう」と決意し、演技の指導を受けて芝居に出ましたがうまくいきません。そこでこんどは劇作家になりました。

ここで彼の才能は見事に花開いたのです。

彼の作品は名言の宝庫だと言われています。

この世に客に来たと思え。

伊達政宗（1567〜1636）日本・仙台藩主

伊達政宗五常訓
「仁に過《す》ぐれば弱くなる。義に過ぐれば固くなる。礼に過ぐれば諂《へつら》いとなる。智に過ぐれば嘘をつく。信に過ぐれば損をする。

気ながく心穏やかにしてよろずに倹約を用い金を備うべし。倹約の仕方は不自由を忍ぶにあり、この世に客に来たと思えば何の苦もなし、朝夕の食事は、うまからずとも誉《ほ》めて食うべし。

元来、客の身になれば好き嫌いは申されまい。今日の行くをおくり、子孫兄弟によく挨拶して、娑《しゃ》婆《ば》の御暇《おいとま》申するがよし」

政宗は、自分を主人公と考えずに、この世に客に来た、と思えば、人の世が住みやすくなるというのです。

人は人のために生きる。

柳生宗矩（1571〜1646）日本・武道家

不登校気味のK子はA小学校の六年生でした。学級では今年の試みに奉仕活動があり、話しあいの時K子が「切手を集めそのお金で花の鉢を買い、老人ホームに贈ったらいいです」と小さい声で言いました。全員が賛成。翌日、K子は自分の集めた切手を持ってきました。先生は全校にも呼びかけ千枚の切手が集まり、処分して20個の鉢が買えました。贈られたホームは大喜びでした。K子は寝たきりのお年寄りの枕元に花の鉢を置き「おばあちゃん」と言いました。すると細い右手が布団から出てきました。K子がその手を握ると弱々しく握り返し眼から涙が溢れました。その涙は人は人のために生きる事をK子に教えていたのです。

親しき仲にも礼儀あり。

日本・ことわざ

外山滋比古の『親は子に何を教えるべきか』(PHP研究所)には、車に車間距離が必要なように、人間関係にも人間《じんかん》距離が必要だと書いてあります。

もし前の車との車間距離が不十分な時は、急ブレーキをかけても事故が起こります。人間距離も同様で、人間関係にゆとりがないとギスギスしたり殺伐となったりしていじめが起こったりします。

こういうことから、昔の人は「親しき仲にも礼儀あり」という言葉で人間距離の必要性を説いているのです。

日本には剣道や柔道、相撲など礼で始まり礼で終わる作法が沢山あります。

礼儀は人間の智恵です。

苦は楽の種《たね》、楽は苦の種と知るべし。

徳川光圀(1628〜1700)日本・江戸時代、水戸藩主

この言葉は、苦しいことを通してこそそのあとに楽しいことがやってくる、楽ばかりしているとそのあとに苦しみがやってくる、という意味です。

光圀は儒学を奨励し彰考館を作り『大日本史』を編さん、湊川に楠公の碑を建立。明の遺臣朱舜水を招きました。

光圀の諸国漫遊講談は「水戸黄門漫遊記」としてテレビでも有名です。将軍綱吉が「生類あわれみ令」をだすと光圀は野犬狩りをして犬の皮を綱吉に贈り、いさめました。

光圀は学問を大事にして、尊皇の精神を広め、それが後の明治維新を起こす大きな力の一つとなりました。

月日《つきひ》は百代《はくたい》の過客《くわかく》にして、行《ゆき》かふ年も又旅人《たびびと》也《なり》。

松尾芭蕉（1644〜1694）日本・俳人

これは『奥の細道』の冒頭の言葉です。

昔の日本人にとって、「日」即ち太陽は神であり、それは中天に輝く太陽ではなく昇る太陽であり沈む太陽なのです。

筆者の父もまた、毎朝、昇る太陽を拝《おが》んでいたものです。それは死の世界から生の世界へのよみがえりを迎える行事だったのでしょう。月も同じ満ち欠けで生死を表わしているわけです。

また「年」も春夏秋冬と生死をくり返します。つまり、「月日」も「年」も永遠の生死をくり返す旅人なのです。そこで、「片雲の風にさそはれて、漂泊の思ひやまず」遂に奥の細道の旅に出たのです。

出典　松尾芭蕉『奥の細道』（岩波文庫）ほか

ああ、いかに感嘆しても感嘆しきれぬものは、天上の星の輝きと、わが心の内なる道徳律。

カント（1724〜1804）ドイツ・哲学者

『敦煌《とんこう》』『風濤《ふうとう》』などの小説で有名な作家井上靖は、高校生活を終わって大学へ進む頃、〝天上の星の輝きと、わが心の内なる道徳律〟というカントの言葉を友だちから教わったといいます。

「私はそれまで、これほど人生というものを大きく重々しいものに見せてくれる言葉にはぶっつかっていなかった。ふいに人生というものが全く異なったものとして、自分の前に現れて来たような気がした」と書いています。夜毎、空には神秘な星の光が輝き、地上には正しく生きることを考え、悩みながら人間が生きているのです。

人生の伴侶にしたい名言です。

出典　井上靖『わが一期一会』（毎日新聞社）

一切合財《いっさいがっさい》他人のために。自分のためには何物も。

ペスタロッチ（1746～1827）スイス・教育家

ペスタロッチはチューリヒに生まれ、生来激しく理想を追いチューリヒ大学では愛国主義運動を起こしました。

のち、貧民学校を設立して農民の子弟を教育。教育は環境が大事で、親と子の家庭教育が人格形成の基礎であると提唱しました。

また、シュタンツの孤児院を経営する中で自然と子どもの関係を追究し、自発性・直観・労作の教育方法を創案しました。その原理は近代教育学の中心的原理となりました。この言葉は、偉大な精神の発露ともいうべきもので、後世永く尊敬される人々の生活は、すべてこのようなものです。

「人は人のために生きる」ということです。

青春の夢に忠実であれ。

シラー（1759～1805）ドイツ・詩人

「私は青年が好きだ」　高村光太郎

私は青年が好きだ。私の好きな青年は麦のように、踏まれるほど根を張って起きあがる。私の好きな青年は玉菜のように、霜にあうほどいきいきとまろく育つ。

私は青年が好きだ。私が好きな青年は木曽の桧の柾目のように、まっすぐでやわらかで香りがいい。私の好きな青年は鋼のバネのように、しなやかで強くて弾《はず》みがいい。

私は青年が好きだ。私の好きな青年は真正面から人を見て、まともにこの世の真理を守る。私の好きな青年はみずみずしい愛情で、ひとりでに人生をたのしくさせる。

出典　高村光太郎『高村光太郎全集』（筑摩書房）

大事をなさんと欲せば、小さな事を怠らず勤むべし。

二宮尊徳（1787〜1856）日本・農政家

昔、大岡越前守は、二両に二両を加えた額を計算する時、すぐに「四両」と言わず、部下にソロバンを持ってこさせて玉をはじいて「四両」と答えたといいます。

自分の能力で簡単にできることはたくさんありますが、そんな時でも慎重に難事にとりくむように注意深く行うようにと部下に教えたのでしょう。

底の見える浅い川を渡るのは、普通の人にとって簡単なことでしょう。

しかし、そういう川でも足をすべらせたり、思いがけぬ流れの早さで足をとられたりして転ぶかもしれません。

浅い川も深い川を渡るように慎重にという事です。

自分の信ずる道をまっすぐ進む人に。

アンデルセン（1805〜1875）デンマーク・作家

アンデルセンはデンマークの作家です。

貧しい靴屋の子で早く父を失ったため、満足に学校にも行けませんでした。

のち後援者を得てコペンハーゲン大学に入り、文壇に出ました。

一八三三年、イタリア旅行の体験をもとに書いた『即興詩人』が世界的名作と賞讃され、その後次々と出した童話集が評判となりました。

『マッチ売りの少女』『みにくいアヒルの子』『人魚姫』などの童話は筋の面白さの中に愛の美しさ、正義の尊さ、誤ちには厳しさ、貧しい人・不遇な人への温かい思いやりがうたわれ、人間讃歌に心打たれます。

一期一会《いちごいちえ》。

井伊直弼《なおすけ》（1815〜1860）日本・幕末の幕府大老

「一期一会」は井伊直弼の著書『茶湯一会集《ちゃのゆいちえ》』にある言葉です。

「そもそも茶の交会《こうえ》は、一期一会といいて、たとえば、幾たびも同じ主客と交会するも、今日の会《え》に再びかえらざることを思えば、実にわれ一世一度の会なり」

つまり直弼は「茶の湯の心得は一期一会にあり」と言っています。

現在この言葉は、茶人の間だけでなく、広く一般の人々にも知られるようになりました。

同じ友人に再び会えるという保証はどこにもない、会った時が別れの時、ということです。

一期一会とは、悲哀の感情でなく、積極的に豊かな人生を送ろうとする心構えなのです。

寒さにふるえた者ほど太陽の暖かさを感じる。人生の悩みをくぐった者ほど生命の尊さを知る。

ホイットマン（1819〜1892）アメリカ・詩人

ホイットマンの言葉と同じような言葉を残した人にゲーテがいます。

ゲーテはドイツの作家で、多感な青春時代を描いた『若きウェルテルの悩み』、『ヴィルヘルム・マイスターの遍歴時代』などで著名な文豪です。

「涙とともにパンを食べた
ことのない人
胸にあふれる悩みの夜々を
おのがふしどに
泣きあかしたことのない
人は
ああ
あなたを知りませぬ
神さま」

得意淡然、失意泰然。

勝海舟（1823〜1899）日本・思想家

戊辰戦争で徳川幕府が瓦解する時、江戸（今の東京）の町を戦火から救った勝海舟は、十三歳の頃、島田道場で剣術の修行をしました。

「剣道は形を学ぶがその真は心胆の練磨である」という師匠の言葉で、毎夕けいこがすむと寒中に木剣を持って王子権現社内に行き、社前の礎石に静座し時々木剣を振って全身に精気が充《み》ちまた静座。こうして早朝帰塾し日課についたといいます。深夜にただ一人、寒中足袋《たび》もはかず袷《あわせ》一枚で寒くなかったそうです。

「人事をつくして天命を待つ」という海舟の生き方が、得意の時も失意の時もびくともしなかったのでしょう。

出典　勝海舟『氷川清話』（角川文庫）

何をなすべきか。

トルストイ（1828〜1910）ロシア・作家

文豪トルストイの「何をなすべきか」の答えは次の通りです。

「第一、自分自身に対してウソをつかぬこと。第二に、他人を見下したりしないこと。第三、自他の生命を維持するために戦うこと」（桑原武夫編『一日一言』（岩波新書））

私は自分の身の回りで起こる出来事について「何をなすべきか」と考えて実行に移すことを心がけてきました。アメリカのケネディ大統領は就任演説でこう言っています。「国民の皆さんは国が何をしてくれるかを期待するのではなく、自分は国のために何が出来るかを考えてほしい」。国を児童会・生徒会に置きかえると同じことが言えます。そこで感謝と奉仕の精神が必要となるわけです。

独立自尊。

福沢諭吉（1835〜1901）日本・教育家

独立なくして自由なし。福沢諭吉は、明治の初めに自由平等を叫ぶとともに、この言葉を宣言し、当時の日本人に大きな力を与えました。

わが国の独立と近代化に貢献するために、独立自尊の気概をもって向かっていった姿には、現代に生きる私達も勇気づけられます。

諭吉は欧米諸国で学んだ後、洋学塾を興し、明治元年、彰義隊と官軍との合戦の時、砲声を聞きながら平然と講義を続けたそうです。

「どんなに世間が騒がしくとも、慶応義塾は一日も業を休まず、洋学の命脈を絶やしたことがない。義塾ある限り、日本は世界の文明国である」と少年達を激励しました。

気力に欠くるなかりしか。

東郷平八郎（伝）（1847〜1934）日本・海軍元帥

日露戦争で旅順港封鎖の作戦をたて、ロシアのバルチック艦隊を日本海海戦で破った提督が東郷平八郎です。

この言葉は『五省』の一つです。

五省

一、至誠にもとるなかりしか
一、言行に恥ずるなかりしか
一、気力に欠くるなかりしか
一、努力に憾《うら》みなかりしか
一、不精《ぶしょう》にわたるなかりしか

この『五省』に対して『三省』というのが論語にあります。

「曾子《そうし》曰《いわ》く、吾《われ》日に吾が身を三省《さんせい》す。人の為《ため》に謀《はか》りて忠《ちゅう》ならざるか。朋友《ほうゆう》と交わりて信《しん》ならざるか。習《なら》わざるを伝《つた》えしかと」

自己に頼るべし、他人に頼るべからず。

内村鑑三（1861〜1930）日本・思想家

人生に成功する十ヶ条

一、自己に頼るべし、他人に頼るべからず。一、本《もと》を固うすべし、しからば事業は自ずから発展すべし。一、急ぐべからず、自動車の如きもなるべく徐行すべし。一、成功本位の米国主義にならうべからず、誠実本位の日本主義にのっとるべし。一、濫費は罪悪なり。一、能《よ》く天の命にきいて行うべし。自ら己が運命を作らんと欲すべからず。一、雇人は兄弟と思うべし、客人は家族として扱うべし。一、誠実によりて得たる信用は最大の財産なり。一、清潔、整頓、堅実を主とすべし。一、人生の目的は金銭でなく品性の完成なり。

出典　近代思想研究会編『内村鑑三のことば』（新文学書房）

智に働けば角が立つ。

夏目漱石（1867〜1916）日本・作家

これは『坊ちゃん』『吾輩は猫である』で有名な夏目漱石の『草枕』という作品に出てくる言葉です。

「山路を登りながら、こう考えた。智に働けば角が立つ。情に棹《さお》させば流される。意地を通せば窮屈《きゅうくつ》だ。とかくに人の世は住みにくい。住みにくさが高じると、安いところへ引き越したくなる。どこへ越しても住みにくいと悟った時、詩が生まれて、画《え》が出来る」

ここで漱石が言おうとしたのは、「智に働くな、情に棹さすな、意地を通すな」というお説教ではなく、人の世は住みにくい、それはどこも同じ、だから精神の平安を得るために詩や絵に親しめ、ということです。

出典　夏目漱石『草枕』（岩波文庫）ほか

嵐は強い樹を作る。

レーニン（1870〜1924）ロシア・政治家

ロシアの革命家レーニンは、早くから社会改革に関心をもち、マルクス主義を学び、カザン大学で学生運動のため検挙されました。のち労働者階級解放闘争同盟を組織、一九一七年十月、ついに革命を成功させ、初の社会主義国家を創設しました。

シベリアへ流刑されたりした苦難の連続を嵐と受けとめ、嵐に耐えて根を張った自分の人生から生まれた言葉でしょう。

筆者が子どもの頃、山で見た切株を指して父が言った言葉を思い出します。

「南側の年輪は太陽を受けて幅が広い。北側は幅が狭い。だから北側は柱になるが南側は板にしかならぬ。苦労は大事だ」

人生は学校である。そこでは幸福より不幸のほうが良い教師である。

フリーチェ（1870〜1929）ロシア・文学者

佐賀県千歳村に「岩割りの松」という松があります。

三メートル近い大石を真っ二つに割って、松の木が生えているのです。

小説『次郎物語』の作者下村湖人は次のように言っています。

「何百年か昔、高さ三メートルの岩があって、その小さな割れめに一粒の種が落ちて芽を出し、やがて一メートル、二メートルとなり、じわじわと岩を割り大地に根を張り亭々たる松の木になった。

その松は思っただろう。所もあろうに岩の割れめに落ちた自分、他は柔かい大地でのびのび大きくなっていく。

悪戦苦闘の自分はとことん生きぬいてやれ、と」

僕の前に道はない、僕の後ろに道は出来る。

高村光太郎(1883〜1956)日本・詩人、彫刻家

道程

「僕の前に道はない、僕の後ろに道は出来る。ああ、自然よ、父よ、僕を一人立ちにさせた広大な父よ、僕から目を離さないで守る事をせよ。常に父の気魄《きはく》を僕に充たせよ。この遠い道程のため、この遠い道程のため」

高村光太郎の第一詩集『道程』は大正三年十月に出版され、当時から八十数年後の現在まで多くの人に読まれています。この詩集が豊かな生命力をもっているからです。

「……牛だ、出したが最後、牛は後へはかえらない。足が地面へめり込んでもかえらない。そしてやっぱり牛はのろのろ歩く……」と。

出典　高村光太郎『道程』(抒情詩社)

今が一番大事な時だ、もう一歩。

武者小路実篤(1885〜1976)日本・作家

武者小路実篤は学生時代トルストイの思想に感動し、志賀直哉と雑誌『白樺』を創刊、一九一八年に「新しき村」を宮崎に建設し、調和的共同体の実現に努力するかたわら多くの著作を世に問いました。彼はいつも「今が一番大事な時だ、もう一歩」と自他を励ましたといいます。

「人間は矢張り正直者の世界だと思う。だから僕はこの世に正直に生きて来て今日でも喜んで生きていられる事を知っている。実際正直者が多いから僕も安心していられ、正直に言いたいことを言い、嘘《うそ》をつかずに安心して生きていられる」と。彼の人間讃歌です。

出典　武者小路実篤『友情(正直にくらしたい)』小学館「中学教育」昭和四十六年八月号

そうだ、人生はすばらしい。

チャップリン（1889〜1977）イギリス・映画監督、俳優

世界の人々に今も愛されている チャップリンは偉大な芸術家です。名作『ライムライト』では、監督、製作、脚本、音楽、主役など、すべて一人の多才ぶりです。

テリィ「花を見ても音楽をきいても、みんな何の目的もない、無意味なように思われたの」

カルヴェロ「意味を求めたって始まらないよ。

人生は欲望だ。すべての生き物の目的は欲望なのだ。それぞれ欲望があるから、バラはバラらしく花を咲かせたがるし、岩はいつまでも岩らしくありたいと思っているんだ。……そうだ、人生はすばらしい。何よりも大切なのは勇気だ、想像力だ」

映画『ライムライト』より

好奇心は人間を生き生きさせる。

宇野千代（1897〜1996）日本・作家

宇野千代は山口県生まれ。岩国高等女学校卒業。大正十年、懸賞小説の『脂粉の香』で認められ、以後、九十八歳に至るまで小説を書き続けました。濃厚な情感とニュアンスに富んだ繊細な女性心理の描写が得意で『色ざんげ』（昭和八年）が代表作。彼女の最後の著書に表記の言葉があります。同書にある次の言葉にも人間讃歌がありま す。

「自分の思うことがそのまま信じられると思うと、仕事が面白くなった。結果として、私は自分のぐるりをよいものだけにかこまれるようになり、ああ愉しいなあ、と思うことばかりになった」

出典　宇野千代『不思議な事があるものだ』（中央公論新社）

風立ちぬ、いざ生きめやも。

堀辰雄(1904～1953)日本・作家

昭和五十年七月下旬、当時八王子市立第五中学校の二年生であった鈴木千代子（チコ）さんは、ブラスバンド部員として市民祭パレードの練習中に倒れました。救急車で入院した病院で治療方法のない不治の難病・膠原《こうげん》病であり、二年生存との宣告を受けたのです。入退院を十数回もくり返す七年間の病気との戦いが始まったのです。

チコは高校を四年めに卒業、大学受験、予備校通いと最後まで病気克服と自立を諦めなかったのです。「自殺なんてなぜするの？　切角生まれてきた大切な命を自ら捨てるなら、その命私にください」と書き成人式の年に死去しました。

出典　鈴木ナミ・鈴木千代子『太陽へのラブレター』（一光社）

経験こそわが師。

扇谷《おうぎや》正造(1913～1992)日本・評論家

朝日新聞論説委員や週間朝日編集長などを勤め、テレビ・ラジオ・評論で活躍した扇谷正造は、若いころ、一冊の本を読んでひどく感激したといいます。それはソ連の文豪ゴーリキーの自伝的小説『私の大学』という本です。

ゴーリキーは貧しい家庭に生まれ、小学校にもほとんど行かず、青少年時代は人夫、雑役夫、船員、浮浪者とさまざまな人生経験をなめ、その経験が後年『どん底』という傑作を生みだしたのです。

「この人生は校舎と教科書のない大学だ。私は人生という大学から多くを学んだ。この人生は私の大学だ」と文豪は言っています。

出典　扇谷正造『経験こそわが師』（産業能率短期大学出版部）

私はあきらめを敵とする。

北条民雄（1914〜1937）日本・作家

北条民雄は四国生まれ、出身地や本名は不明です。小学校卒業。十九歳で当時不治の病気といわれたハンセン病を発病、二十歳で東京村山の全生園に入園。その一夜の体験をもとに酷薄な運命に耐えて生きぬく決意を描いた『いのちの初夜』を発表し、世間に大きな感動を呼びました。二十三歳で死亡。

「私にとって最も不快なものはあきらめである。あきらめ切れぬ、という言葉は、あきらめを肯定《こうてい》してそれに到達しえぬ場合にのみ用うべきものであるが、私はあきらめを敵とする。

私の日々の努力は、このあきらめと戦うことである」

凄《すさ》まじい気力に感動します。

出典　北条民雄『定本北条民雄全集（下巻）』（東京創元社）

第3章

自己

己《おのれ》の欲せざる所は人に施《ほどこ》す勿《なか》れ。

孔子（前551〜前479）中国・儒教始祖

「ただのひと言《こと》で生涯の戒《いまし》めとなる言葉はないでしょうか」と弟子の子貢《しこう》が質問した時、「それは恕《じょ》である」と孔子は答えたそうです。

そしてその「恕」の内容を説明したのがこの言葉なのです。これは「思いやり」と言ってもいいでしょう。

『新約聖書』には、「汝ら人にせられんと思う如《ごと》く人にもしかせよ」という言葉がありますが、これは人間関係についての黄金律《おうごんりつ》（ゴールデンルール）と言われています。この言葉も「恕」と同じ意味です。

東と西の二人の偉人が同じ教訓を語っていることに感動します。

汝自身を知れ。

ソクラテス（前469〜前399頃）古代ギリシア・哲学者

「手と足の話」をします。

手と足はよくけんかをします。手がふところ手をしているのを見た足は早速ふんがいします。「そのふところ手は我慢ならない。俺は一日中立ったり坐ったり働き通しているのにお前は知らん顔している。俺が疲れて坐るとお前は俺の膝の上に乗って平気な顔だが何というわからずやだ」と。手は大声で言い返します。「この恩知らずめ、お前のかゆい所をかいてやったり、痛い時なでてやったり。足袋をはかせるのもみんな俺だ。風呂にもお前を先に入れている」と。これは感謝と奉仕、役割と協力の話で、自分を見直せという意味です。

出典　プラトン／久保勉訳『ソクラテスの弁明・クリトン』（岩波文庫）

克己は勝利の最大なるものなり。

プラトン（前427〜前347）古代ギリシア・哲学者

ローマの国際陸上大会の百メートルでカール・ルイスを破って世界一速い男になったベン・ジョンソンは、ロスアンゼルス五輪でルイスに負けてから練習の鬼となって頑張りました。

彼は言っています。

「陸上は実力と精神力です。実力は練習で生まれるし、精神力も練習から生まれる」と。

実力と精神力を比べたら、精神力の方が大切です。いくら実力があっても、精神力がなければ実力は発揮できません。

精神力は心の戦いで、人との戦いと自分との戦いの二つがあります。

自分に勝つことを古人は克己心と言いました。

もし人の悪口を言うならば、それが自分に返ってくることを予期せよ。

プラウタス（前254〜前184）古代ローマ・喜劇作家

「山彦《やまびこ》」の話をします。「ヤッホー」と叫ぶと「ヤッホー」と山彦が返ってきます。「バカヤロー」と叫ぶと「バカヤロー」と返ってきます。

友達に親切にすると、友達から親切が返ってきます。人の悪口を言うと必ず自分の悪口となって山彦が返ってきます。

自己中心的な無責任な言動は、その人を嵐や氷河に突きおとす山彦を招くに違いありません。

つまり、プラス思考の人にはプラスの山彦が、マイナス思考の人にはマイナスの山彦が囲んでいます。

神経を伝わる山彦は血管や筋肉に作用して美しい顔を作ったり、鬼の顔を作ったりするのです。

憤怒より自分を抑《おさ》えるには、他人の怒れるときに静かにそれを観察することである。

セネカ（前65〜前５）古代ローマ・哲学者

スペイン生まれのセネカは、ローマで教育を受け、皇帝ネロの家庭教師となり、ネロの即位とともに摂政《せっしょう》となりました。

ネロは始め善政をしいたのですがやがて暴虐の性格を表わし、義弟の王子、母、二人の妃を次々に殺害。

前六四年のローマ大火ではキリスト教徒のしわざとして大迫害を行いました。

セネカはのちにネロに対する謀反に加担した疑いから自害させられました。『対話集』『幸福論』などの著作で名言を残しています。

上の言葉のほか「争いにけりをつけるより、自制するほうがはるかに簡単だ」とも。争いがさらに争いを呼ぶことを戒めています。

善人なをもて、往生をとぐ、いはんや悪人をや。しかるを世のひとつねにいはく、悪人なを往生す。いかにいはんや善人をやと。

親鸞（1173〜1262）日本・浄土真宗開祖

この言葉は『歎異抄《たんにしょう》』の中の有名な一節です。

『歎異抄』は親鸞の語録としてその弟子の唯円によって伝えられたものです。

ここには浄土真宗の根本思想が語られています。

「善人すらなお往生（救い）をとげることができる、まして悪人が往生をとげえないはずはない。ところが世の中の人はこれとは逆に、悪人でさえ往生することができる、まして善人が往生しないわけはないと言っている」というのです。

ここには、善人とは何か、悪人とは何か、救いとは何か、そういう大事な問題が含まれているのです。じっくりと味わいたい言葉です。

他人はわれにあらず。

道元（1200〜1253）日本・鎌倉時代の僧

昔、若い道元が道を求めて中国の天竜山にいた時のことです。典座《てんぞ》（料理係の役僧）の大用禅師がきくらげのようなものを干していました。暑い日中で大地も屋根もぎらぎら燃えていました。典座は笠もかぶらず、汗を流しながら働いていました。

道元が静かにそばにより「お年はいくつですか」と聞くと、「六十八歳」と。道元は続けて聞きます。「寺男にさせたらいかがですか」と。するど「他人はわれにあらず」とどなられました。「陽がかげってからにしたらどうですか」と聞くと、「いまやらないでいつやるのか」とするどい返事。

道元は初めて開眼したということです。

汝の道を歩め、人々をしてその言うにまかせよ。

ダンテ（1265〜1321）イタリア・詩人

フィレンツェの貴族の家に生まれたダンテは、忘れられない初恋の人ベアトリチェへの愛の物語『新生』を二十七歳で発表。

早く死んだ彼女への精神的な愛は、晩年の傑作『神曲』の中で、彼女は浄罪界から大堂界へのダンテの案内者として登場します。

この言葉は、自分が決めた進路はどんな苦労があってもその道を歩くことが生き甲斐なのであり、まわりの人々がいろんなことを言っても、それは雑音として勝手に言わせておけばよい、という意味です。

即ち、自分の立てた志《こころざし》こそ重要な道しるべなのだと教えています。江戸時代の武士の子は十四歳位で元服式を行い、志を立てました。

自己に奉仕することはやさしく、他人に奉仕することは難しい。

西洋・ことわざ

「ぼくは二階でねていて『ドーン』という音で目がさめた。すぐにグラグラとゆれ始めた」

「ぼくの体が急にむわっと熱くなった」

「火がぐんぐんせまってきた。ああ、もうあかん、逃げよう、とお父さんが言った」

平成七年一月十七日午前五時四十六分、阪神・淡路大震災が起こりました。

大勢の人が死に、多くの家が焼けビルが倒れ、人々は避難所生活を余儀なくされました。

全国から、約三十万人のボランティアの人々が支援の活動をしました。

それはわが国のボランティア活動の確実な出発点となったのです。

誰でも自分の十字架が一番かつぎづらいと思う。

イタリア・ことわざ

筆者の勤めた中学校の三年生男子A君の身の上に起こった出来事です。

A君は親友のB君、C君と三人で、自転車に乗って大晦日《おおみそか》の夜十二時に町を出発して海に向かいました。

海岸に立ってご来迎(初日の出)をおがむ計画を立てたのです。海岸まで四時間はかかります。

二時すぎ、幹線道路に出てすぐ大きなブレーキ音がしました。A君が車にひき逃げされたのです。自転車が真中で折れ曲がり、A君は即死でした。ひき逃げの車は見つかりません。

ところが一週間後、犯人が警察へ自首しました。「十字架が重すぎた」と言ったそうです。

人のあやまちを許すのはよいが、自分のあやまちを許してはならない。

『菜根譚《さいこんたん》』中国・古書

『菜根譚』は中国明の洪自誠（名は応明、生没年・出身地とも不明）の著書で二巻あります。

書名は宋の汪信民の「人常に根菜を咬《か》みえば百事なすべし」に由来するといいます。

前の集は二二五条で官吏の道徳を説き、後の集は一三五条で山林閑居の楽しみを述べています。

儒教思想に道家や禅家の説を交えた語録風の随筆です。

わが国でも中学・高校の教科書に採用され、昔から今まで広く教養書として愛読されました。

この言葉のように自己に厳しく、「善をなして人の知らんことを求むるなかれ」「危害を受けても与えるな」など、名言の宝庫です。

山中の賊を破るは易く、心中の賊を破るは難し。

王陽明（1472〜1528）中国・学者

生涯一捕手をめざした野村克也氏は苦労の人です。三歳の時お父さんが戦死、小学校三年生の時お母さんが病気で倒れ、それから中学校卒業まで六年間、一日もかかさず新聞配達をしてお母さんを助けました。学校を出て南海球団にテスト生として昭和二十九年入団、二軍で猛練習をしました。人が素振りを五十回やれば自分は六十回、人が遠投を二十回やれば自分は三十回。「石の上にも三年」といいますがそんな生易しいものではありません。くじけそうになった時、それは自分との戦いでした。努力の結果はホームラン王九回、打点王、三冠王、三千試合出場でした。

出典　野村克也『敵は我に在り』（サンケイ出版）

自分の好きなことは自分にとって毒だと思え。

小早川隆景《たかかげ》（1533〜1597）日本・武将

小早川隆景は子どもの頃から秀れた才能を発揮し、小早川家に養子に入ったあと、民を愛し仁を施し、国を保つことにかけては父の毛利元就も一目置いたそうです。

隆景の才を危惧した元就が三本の矢で和を説いた話は有名です。

その隆景は若い部下によく次のような話をしたそうです。

「若い者はまだまだ修行中の身だ。自分の気にいることばかりやっていると自分のためにならない。むしろ自分の嫌なこと、理解困難なことに積極的にとりくめ。

山川を越えて行くことで自分を鍛えろ。自分の好みだけ取りいれるな。むしろ苦手なことに立ち向かえ」と。

出典　岡谷繁実『名将言行録』（岩波文庫）

自分の言葉を持たない物真似鳥《ものまねどり》は嫌いだ。

徳川家康（1542〜1616）日本・徳川幕府創始者

この言葉は、徳川家康が竹千代といった子どもの頃、織田信秀（信長の父）の人質になった時の言葉だといいます。

人質になった竹千代を慰めようとある人が黒つぐみを届けました。

「ご退屈の時お慰みになるでしょう」というのです。

黒つぐみは物真似をよくします。竹千代はしばらく鳥と遊んでいましたが、やがて部下に「この鳥を返せ」と言います。

「なぜです？　面白い鳥なのに」と言う部下に竹千代は「確かに面白い。が出来るのは真似だけだ。自分の鳴き声がない。こんな鳥は役に立たない」と言い、部下は驚いたそうです。

出典　岡谷繁実『名将言行録』（岩波文庫）

自分を本当に動かすことができるのは、自分だけである。

レンブラント（1606〜1669）オランダ・画家

蚕《かいこ》は桑の葉を食べながら糸を出し、繭《まゆ》を作り、繭の中でさなぎになり、やがてその繭に穴をあけて食い破り、蛾《が》になって出てきます。そして卵を生むわけです。

この蚕が食い破って蛾になる時は大変です。小さくあけた穴がなかなか広がらず、蛾は全力で穴を大きくしようとするのです。

全身を動かして、「早く出たいよ、苦しいよ」と叫んでいるようです。

そこでSさんはハサミで繭の穴を切り出口を作ってやりました。

蛾は楽に出ましたが羽は小さいまま。飛べもせず夜のうちに死にました。

自分で穴をあけることで羽は大きく強くなり、体力が充実するのです。

春風以って人に接し、秋霜を以って自ら粛《つつしむ》む。

佐藤一斎（1772〜1859）日本・江戸時代の儒者

佐藤一斎の著書『言志四録』にあるこの句は、他人には春風のもつ暖かさで接し、自分には秋の霜のような冷厳さで反省して、自分の至らぬところを知る、というような意味です。

私たちが人に接する時、自分に似た人、自分の心にぴったりする人を求めたがるものですが、そんな人は絶対にいません。

人と人との交わりとは、お互いに違った個性と個性とがぶつかりあうことなのです。そこで摩擦し、そのために自分の心も緊張し、集中しなければなりません。それによって自分の性質も自覚され、特徴もはっきりしてくるというものです。

出典　佐藤一斎『言志四録』（講談社）

人々が自分に調和してくれるように望むのは非常に愚《おろか》だ。

ゲーテ（1749〜1832）ドイツ・作家

これは人と人との交わりについての忠告の言葉です。エッカーマンの『ゲーテとの対話』に出てくる一節です。

私たちはよく「人見知り」をします。ある人とはつきあうが、別の人とはしりごみしたりします。初めから自分の気の合った人を求めたがるが、そんな人は絶対にいないのです。

人と人との交わりとは、お互いに違った個性と個性のぶつかりあいなのです。そこで自分の性質も自覚されるのです。

この世にはいろんな人がいます。自分と調和してくれる人とだけ交わって、そうでない人を拒否していたら、自分の世界は狭くなります。

全体は個人のために、個人は全体のために存在する。

デュマ（1803〜1870）フランス・作家

イギリスの動物学者フォックス博士はイヌの研究で有名です。その著書の中にキツネの子とオオカミの子の比較がのっています。

同じ母親から生まれるキツネの子は皆同じ性質で、すべて攻撃的、自己主張的、探索的だそうです。

ところがオオカミの子は同じ母親から生まれても皆性質が違うそうです。ある子は攻撃的であり別の子は臆病なのです。

同じイヌ科なのにどうして違うのでしょう。

キツネは群れを作らず一頭で生きていくからいろんな性質が必要ですが、オオカミは群れで暮らすのでいろんな性質の子が必要なのです。

人間も群れで暮らします。

汝に満足を与えるものは、ただ汝のみ。

エマーソン(1803〜1882)アメリカ・思想家

エマーソンは牧師の子でボストンに生まれ、ハーバード大学卒業後牧師になりました。

妻の死により教会に疑問を抱き退職、コンコードに住んで思索と執筆、講演に専念し、「コンコードの哲人」と呼ばれました。個人の尊厳を説いた『自然論』などの著作は、広くアメリカ以外にも影響を与えました。

「自信は成功の第一の秘訣なり」といい、自信は努力の積み重ねがあって得られるもの、そうでない一人よがりのうぬぼれは失敗の原因です。

「自分を低く評価する者は他人からも低く評価される」、「処世中最も困難なのは自分を知ることだ」となります。

ひとを裁くな。ひとの裁きを受けるのがいやなら。

リンカーン(1809〜1865)アメリカ・第16代大統領

悪い人間ほど自分のことは棚にあげて人のことを言いたがるものです。

人を非難するのは、ちょうど天に向かってつばをするようなもので、必ずわが身にかえってくるのです。

リンカーンは若い頃、反対者をやっつける手紙を新聞紙上に発表して決闘を申し込まれました。仲介があって事なきを得ましたが、この事件から、手厳しい非難や詰問はたいていの場合、何の役にも立たないことを学びました。他人を矯正するよりも自分を直す方がよほど得なのです。

他人をやっつけたくなったら、リンカーンならどうするか、と考えてみましょう。

「ノー」と言うべき時に言えない人は自分を不幸にする。

スマイルズ(1812〜1904)イギリス・著述家

スマイルズの書いた『西国立志伝』は、明治初期の日本人に多くの影響を与えました。

上の言葉に続き名言を書いています。

「世の中に悪が栄えるのは、我々がノーと言う勇気をもたないためである」とか「言うべき時のノーは、人生の平和と幸福の要訣である」など。

「イエス」「ノー」を明らかにしないと自分もだめになるし、相手にも迷惑をかけることになります。自分の立場をはっきりすることです。

「N男をいじめるから仲間に入れ」と誘われたA男君は、「ノー」が言えなかったためにいじめグループに入ってしまい、後悔しています。

おこないは自分のもの、批判は他人のもの。気にするな。

勝海舟(1823〜1899)日本・思想家

勝海舟のこの言葉は原文では次のようになっています。

「行蔵は我に存す。毀誉は他人の主張、我に与《あずか》らず」

海舟は幕末には幕臣として、明治期には政府高官として活躍しました。一八六〇年、日米修好通商条約批准のため咸臨丸《かんりんまる》の艦長としてアメリカに渡りました。そこで海舟は「共和制」を見たのです。自分たちの代表を選挙によって選ぶ「市民」の存在を知りました。共和制が基本的人権を大切にするのを見て、「日本はなんと古いことか」と言っています。

西郷との江戸城明け渡しで幕臣から悪罵を受けても動じませんでした。

出典　勝海舟『氷川清話』(角川文庫)

自分は有用の材なりとの自信ほど、彼に有益なるものはあるまい。

カーネギー（1835〜1919）アメリカ・実業家

カーネギーの知人ジェント夫人が、ある日家政婦を雇うことにしました。前の雇主に電話で問い合わせたところ、この娘には多少欠点があることがわかりました。そこで、夫人は初対面の彼女に言いました。「ネリー、先日、前のご主人に電話してあなたのことを聞きました。あなたはとても正直で、信用ができ、料理も上手だし、よく子どもの面倒を見るって話でした。でも掃除の方はだらしなくていけないと言っていました。そんなこと嘘《うそ》でしょうね。私は信じません。着ている服も清潔ですしね」

ネリーは夫人の期待に恥じない見事な掃除ぶりだったそうです。

出典　カーネギー『人を動かす』（創元社）

君の魂の中にある英雄を放棄してはならぬ。

ニーチェ（1844〜1900）ドイツ・哲学者

これは『この人を見よ』などの著作で有名な、ニーチェの言葉です。

私たち一人一人は皆、百万人、千万人の祖先の生命の延長であり、限りない祖先の素質を全部持っており、あらゆる可能性を秘めており、そして何びとも代わることのできない使命を背負っているということです。

祖先の中には書道の達人もいたでしょう、学問の好きな人、文章の上手な人、詩を書いた人もいたでしょう。また米作りの上手な人、料理の天才、剣道名人もいたでしょう。

私たちが勉強するのは、そういう素質を生かして人間としての価値《うち》を発揮するためなのです。

才能とは、自分自身を、自分の力を、信ずることである。

ゴーリキー（1868〜1936）ロシア・作家

代表作『どん底』で著名なゴーリキーは、小学校中退であらゆる職業をへて社会主義リアリズムの創始者となりました。この言葉は彼の人生から紡《つむ》ぎだされたのです。

『イソップ物語』に「湖畔の牡鹿」という話があります。湖の水を飲みにきた牡鹿が、水に映った自分の影を見て「俺の角はなんて美しいんだろう！」と言い「丈夫で優美な角に比べて俺の足は細くて醜いのは残念だ！」と。そこへ来た獅子が跳びかかりました。森まで逃げた牡鹿は自慢の角が枝にひっかかって捕まってしまったのです。役立たずを自慢して俊敏な足への感謝を忘れていたからです。

出典　塚崎幹夫訳『新訳　イソップ寓話集』（中公文庫）ほか

ぼく次第でどうにでもなる。

ジイド（1869〜1951）フランス・作家

ジイドは『背徳者』『狭き門』『女の学校』『法王庁の抜穴』などの作品でノーベル賞を受けた文豪です。

自己に対しあくまで誠実であろうとし、新教と旧教、霊と肉、個人と社会の相克という人生の二律背反に悩み続けました。

「改造すべきはたんに世界だけでなく、人間だ。その新しい人間はどこから現れるのか？　それは外部からでは決してない。友よ、それをお前自身のうちに見出すことを知れ。

……各人の中には驚くべき可能性があるのだ。お前の力とお前の若さを信ぜよ。たえず言い続けることを忘れるな。『ぼく次第でどうにでもなるのだ』と」

出典　アンドレ・ジイド／堀口大學譯『新しき糧』（新潮社）

愛川吾一はたったひとりしかいない。

山本有三（1887〜1974）日本・大正、昭和期の作家

山本有三は『路傍の石』という小説の中で、鉄橋にぶらさがった吾一に対して、次野先生に次のように言わせています。

「おまえというものは、いいかい、愛川。愛川吾一というものは、世界中に、たったひとりしかいないんだ。どれだけ人間が集まっても、同じ顔の人は、ひとりもいないと同じように、愛川吾一というものは、この広い世界に、たったひとりしかいないのだ」

私たちは精一杯生きているでしょうか。皆さんが生徒として精一杯生きるということは勉強に打ち込み、運動に打ち込み、学校生活に打ち込むことです。それが自分を大切にすることなのです。

出典　山本有三『山本有三集 現代文学大系二六』（筑摩書房）

我々は常に自分自身に問わなければならない。もし、みんながそうしたら、どんなことになるだろうと。

サルトル（1905〜1980）フランス・作家、哲学者

サルトルは大作『自由への道』で著名な作家です。第二次大戦中、ナチスドイツに抵抗してレジスタンス運動に参加。戦後、無神論的実存主義を主張、一九六四年ノーベル文学賞を拒否して大きな反響を呼びました。

自由な個人の働きによる社会変革を主張するサルトルにとって、自分の行動を常に問い直すというこの言葉は重い意味をもっています。

「もし、みんながそうしたら」の「そうしたら」を「いじめたら」とか「親切運動をしたら」と置き換えてみるとわかるでしょう。

また「君という人間は君が自ら作るもの以外の何物でもない」とも言っています。

どんな粗末な頭でも、自分の頭で考える。

大河内一男（1905〜1984）日本・経済学者

東大学長を務めた大河内一男が学生に与えたこの言葉は、個性を尊重し、独創性を重視した学長の思いをよく表わしています。

ところが平成七年三月二十日朝、東京の地下鉄で同時多発のサリンテロ事件が起きました。

事件を起こしたオウム真理教の幹部に東京大学、京都大学、早稲田大学、慶応大学の学歴エリートが多数いたことが大きな驚きでした。

なぜ彼らは空中浮揚、カルマ、ハルマゲドンなどの妄想に捉われたのか。

オウムの呪縛を解くためにとられた第一の方法は、「私は自分で考える」と何百回も唱《とな》えることだったといいます。

人生はしょせん克己の一語につきる。

井上靖（1907〜1991）日本・作家

人生とは何か、その答えはまだでていません。自分で経験し、自分でつまずき、自分で気づくほかないのでしょう。

著名な作家井上靖はそのことを『わが一期一会』の中の「人生について」という章で次のように書いています。小学校高学年の時、先生と共同浴場に行った帰りに先生に言われた言葉です。

「克己という言葉を知っているか。克己とは自分に克つことだ。非常に難しいが、人間が他の動物と違うところは、誘惑や欲望と闘って自分に打ち克つことができるという点だ。勉強するも克己、仕事をするのも克己、みな克己だ」

出典　井上靖『わが一期一会』（毎日新聞社）

第4章

生活

良い判断は無分別な親切に勝る。

アイソポス（前620〜前560）古代ギリシア・寓話作家

『イソップ物語』の作者アイソポスはギリシア語で、イソップは英語読みです。イソップは小アジアのフリギャ出身の奴隷《どれい》でしたが、機知に富んだ寓話を巧みに語り、解放されて自由民になったそうです。

『イソップ物語』は一世紀初め、ファエドルスが当時イソップ作として流布《るふ》していた寓話を完成したといわれます。動物の特長で人間の愚をユーモアと皮肉をまじえて平易に描きだしています。

この名言は「雌鶏《めんどり》と燕《つばめ》」の話にあります。親切心で卵を温めた雌鶏を見た燕が、「マムシの卵を孵《ふ》かすなんて！　一番めに君が噛《か》まれるぞ」と言う話です。

出典　塚崎幹夫訳『新訳　イソップ寓話集』（中公文庫）ほか

備えあれば憂《うれい》なし。

『書経』中国・古書

この言葉は、戦争の際に備えがしっかりできていれば心配はない、という意味ですが、なにも戦争に限った話ではありません。

スポーツの勝敗についても、災害の備えについても、試験勉強についても、同じことが言えるでしょう。

ここでは試験勉強について考えてみましょう。

試験にはいろいろあります。中間考査、期末考査、これは竹の節みたいなものです。

大人になっても試験はあります。「備えあれば憂なし」です。しかし失敗もあります。「失敗研究」です。その時は原因を考えます。①本当にわからない、②理解に穴あり、など。学べ学べ学べです。

怒りは常に愚行に始まり悔恨に終わる。

ピタゴラス（前570〜前500?）古代ギリシア・哲学者

ピタゴラスはギリシアの数学者・哲学者・宗教家で、特に数学者として「ピタゴラスの定理」で後世に名を残しました。

サモス島の生まれで南イタリアで活躍しました。

ピタゴラス教団では魂の浄化手段として学問研究を課し、音楽も用いました。中でも万物のもとは数であると考え、従来の実用数学を理論数学に高めました。10を完全な数、4と9は正義を示すなどと考え、$\sqrt{2}$を不合理な数として退けたといいます。

なお彼は大地を球形と考えた最初の人で、弟子は地動説を唱えたそうです。

上の言葉は、哲学者、宗教家としての教訓です。

過ちて改めざる、これを過ちという。

孔子（前551〜前479）中国・儒教始祖

私の担任した中学一年生の作文を紹介します。

「私は小学五、六年生の頃、わけもなく仲間はずれにされたことがありました。仲間はずれにされた人がどんなに苦しいかは、仲間はずれにされた人にしかわからないと思います。けれど、私が仲間はずれにされることがいつの間にか終わり、別の子がいじめられるようになりました。どうしたわけか、気がついてみると私もいじめの仲間に入っていました。きっと、また一人ぼっちになりたくなかったからだと思います。

それを今になって、とても後悔しています」

人間は同じ失敗を二度とくり返さないことが大事なのです。

虚言をはく者は、真実を述ぶるも信ぜられず。

アリストテレス（前384～前322）古代ギリシア・哲学者

アリストテレスはギリシアの哲学者プラトンに師事し、「すべてのものは材料となる物質と、その物質を使ってものにする形式との二つから成り立っている」ことをプラトンから学びました。

しかし、プラトンが頭の中だけで考えたのに対し、彼は実物を観察した上でこの結論に達したそうです。

上の言葉は古代ギリシア哲学者の厳しさを表わしています。

ある町の少年が「狼がきた」と大声で叫ぶと、町の人たちが外へとびだすのを見て面白がり、何回も続けるうちにうそつきとわかり、本当の狼がきた時誰も助けず狼に食われる話を思い出させる言葉です。

同感できても、もう一度考えるがいい。同感できなくても、もう一度考えるがいい。

『礼記』中国・古書

この言葉は、わかりきったことですが、いざとなるとなかなか実行できないものです。特に多勢の人が賛成している時など、ついふらふらとまきこまれやすいのです。いざ決定の時はもう一度考えるという慎重さが必要です。自分の決定には責任が伴うからです。

現代は無責任時代と言われます。それは複雑な社会の中では、個人はほとんど無力だからなげやりになるのでしょう。

「自分一人ぐらい」という気持ちが誰にもあるのでしょう。自分一人ぐらい紙屑を捨てても大したことはない、と思ったら町中ごみだらけになります。

簡単な賛成、簡単な反対は無責任です。

和をもって貴《とうと》しとなす。

聖徳太子（574〜622）日本・推古朝の摂政

聖徳太子は用明天皇の第二皇子、第三十三代推古天皇の摂政として内政外交の一新を決行しました。

冠位十二階を定め、十七条憲法を制定。遣隋使を派遣、留学僧を受け入れて中国文化の導入に尽力、国史編纂《さん》も行い、仏教に帰依し法隆寺・四天王寺を建立しました。

この言葉は十七条憲法の第一条にあり、これに「上和《やわら》ぎて下睦《むつ》ぶ」という条文が続きます。

行政官への訓戒の言葉ですが、古来和の精神は日本人の生活の端々にまで今も活《い》かされています。

第二条には「人最も悪なし、よく教うれば之《これ》に従う」とあり、人の性は善で、悪人でも教導できるといいます。

人は考えることによってでなく、行うことによって成長する。

ダンテ（1265〜1321）イタリア・詩人

年末のある日、A子さんの家では障子の張りかえをしたそうです。

障子を張りかえるにはまず今までの古い紙をはがさねばなりません。その古い紙のはがし方が問題です。

A子さんはいきなり紙をびりびりと破ろうとしました。それをお母さんがやめさせたのです。そしてたっぷり水を含ませた布切れを持ってきて障子の骨を軽く叩き、十分に紙に湿り気を与えると、どうでしょう。古い紙はちょっと端から引っぱっただけで何の苦もなくするすると取れていきました。しかも障子の骨にはのりの跡も残りません。

A子さんはこうして祖先の知恵を教わったのでした。

人のまねをするのは愚かなり。

西洋・ことわざ

驢馬《ろば》がキリギリスの鳴いているのを聞いて、その聲《こえ》がとても気に入り、自分もああいうきれいな音楽を奏でることが出来ればと思いました。そこで聞きました。「君はどんな食べものを食べてるんだい？」そして「君の声はとても魅力があってすてきだよ」と続けました。するとキリギリスは答えました。「僕たちは露《つゆ》を食べて生きてるんだよ」と。

そこで驢馬は自分も露を食べて生きようと決心しました。そして間もなく餓死したのです。

他人がするのを見て、ちょうどその通りをしようとする人は、自分が驢馬と同じ愚か者となります。

出典　塚崎幹夫訳『新訳　イソップ寓話集』（中公文庫）ほか

他人の欠点は自分の欠点より見つけやすい。

西洋・ことわざ

ある晩、蝿《はえ》が蜂蜜の壺を見つけ、それがとても自分の口に合うことがわかり、壺のふちを伝いながら食べ始めました。やがて少しずつふちから奥の方へ匍《は》って行き、壺の中に入ると、遂に身動き出来ないようにくっついてしまいました。足や羽根が蜜でベタベタになり、それを動かせなくなったのです。

その時蛾《が》が飛んできて、「なんと馬鹿な蝿め！　そんなに喰いしん坊だったのかい？」と言いました。蝿は一言もありません。やがて夜になると蛾はランプの周りを飛びまわり、焔《ほのお》に近づき焼け死にました。蝿は言いました。「君も馬鹿だね！　そんなに火が好きとは」と。

出典　塚崎幹夫訳『新訳　イソップ寓話集』（中公文庫）ほか

臥薪嘗胆《がしんしょうたん》。

『十八史略』中国・古書

辞書を見ると、「目的を達するために、辛苦に耐えて将来を期すこと」と書いてあります。

この言葉の背景となっているのは「呉越の戦い」です。

中国の春秋時代（前七七〇年～前四〇三年）の末期に呉と越が戦いました。

呉王が越王に負けて死に、呉王の子夫差《ふさ》が父の仇をうつため薪《たきぎ》の上で寝るような苦労を重ね、ついに越王勾践《こうせん》を会稽山に追いつめて降伏させました。

一方勾践は苦い胆《きも》をなめて辛苦に耐え、のち勾践は夫差を滅ぼし、親子二代にわたる怨念の対決に終止符が打たれたのです。

「臥薪嘗胆」の苦労に耐える心は現代にも必要です。

天知る、地知る、我知る、人知る。

『十八史略』中国・古書

アメリカ十六代大統領リンカーンが二十歳の頃、一日の商売を終えて売上帳と現金をつきあわせて「しまった！」と叫びました。現金が三セントだけ多かったのです。

（そうだ、雑貨を買って八ドル三セント払ったあのご婦人だ）と心の中で叫んだのです。

「すぐ返さなければ」リンカーンは見当をつけて夜の道を急ぎました。一時間ほどで見つけた婦人の家のドアを開けて、「先程はおつりを間違えました。すみません」と三セントを差し出しました。婦人の感激は大変なものでした。

孔子も「過ちて改めざる、これを過ちという」と言っています。

出典　鈴木健二ほか『人を動かす「名言・逸話」大集成』（講談社）

自分のつらいのを忍ぶのはよいが、人のつらいのを見ていてはいけない。

『菜根譚《さいこんたん》』中国・古書

この言葉を読むとS子のことを思い出します。

S子は筆者が若い頃のクラスの生徒で、目立たない子でした。

教室の隅《すみ》でひっそりと小説を読み詩を作る子でした。

中学三年の秋、父が病気で倒れ、母親が働きに出ました。S子は弟妹の面倒を見ながら炊事、洗濯など家事を一人でやるようになりましたが、そのことを友だちに言うことはありませんでした。

ある日、同級のY子がカンニングの疑いをかけられた時、S子は敢然と立ちあがり、Y子を弁護して、不当な中傷《ちゅうしょう》を糾弾《きゅうだん》したのです。

筆者はその時、S子の本当の姿を知ったのでした。

したいことをするな。いやなことをしろ。

武田信玄（1521〜1573）日本・戦国時代の武将

武田信玄は、暇があるとよく部下を集めて話をしたり聞いたりしたそうです。ある時、「人間というのは、身分が高かろうと低かろうと、自分の身を保っていくために大切なことが一つある。何だと思うか？」と聞きました。

部下たちは誰も答えることができません。

そこで信玄は答えました。

「私が自分を戒めているのは、自分の好きなことはなるべくしないこと。むしろ嫌《いや》だなと思うことをするように努めている。これがいま身を保っている理由だ」と。

そして「自分の好きなことばかりしていたのでは人間は強くならないし人のためにもならぬ」と。

出典　岡谷繁実『名将言行録』（岩波文庫）

堪忍のなる堪忍は誰もする。ならぬ堪忍するが堪忍。

徳川家康（1542〜1616）日本・徳川幕府創始者

徳川家康は三河の戦国大名松平広忠の長男として岡崎城で生まれました。

幼名竹千代。のち元信・元康と名乗り家康と改めました。広忠は尾張の織田信秀と対抗するために駿河の今川義元の援助を求め、満四歳の家康を人質として送る途中織田氏に奪われました。三年後改めて今川氏の人質となり足かけ十二年の間、長い苦しい抑留生活を送りました。

のち、兄事《けいじ》した織田信長に妻と長男を死に追いこまれた時も、上の言葉そのままの堪忍を強いられましたが、家康は耐えに耐えたのです。

七十三年の忍耐の人生が天下統一の志《こころざし》を実現させました。

いのちある限り希望はある。

セルバンテス（1547〜1616）スペイン・作家

聖書に次ぐベストセラーといわれる傑作『ドン・キホーテ』の作者セルバンテスは、初め軍人で戦争に参加、次に奴隷生活を送るなど波瀾の人生でした。

そういう体験に基づいた奔放な想像力、独自のユーモア、鋭い観察によって数々の名言を残したのです。

「あなた方は一体、戦争によって賞をえた者の数が、戦争に倒れた者の数よりどんなに少ないか、お考えになったことがありますか」(ドン・キホーテ)

「与えた者は沈黙を守れ、受け取った者は話したまえ」とも言っています。

この言葉の逆が多い世間への彼の諷刺が鋭くでています。

人のことばは善意にとれ、そのほうが五倍も賢い。

シェイクスピア（1564〜1616）イギリス・劇作家

シェイクスピアは約二十年間に劇曲三十六編と詩七編を書き、四十七歳で故郷に隠退、一六一六年誕生日と同じ四月二十三日に没したといわれます。

彼の創作活動は四期に分けられるといいます。

第一期は習作時代、若い情熱を燃焼させた作品『ロミオとジュリエット』『リチャード三世』などが代表作。第二期は独自の技法を確立した時期で『ヴェニスの商人』『真夏の夜の夢』。第三期は『ハムレット』など四大悲劇に円熟の才が発揮され、第四期は静かな人生観照を示した時期で『テンペスト』が代表作。

劇中に鏤《ちりば》められた名言は世界の宝です。

口はわざわいのもと。

日本・ことわざ

「物いえば唇寒し秋の風」（松尾芭蕉）です。

世の中の悩みや争いごとは、ほとんどみな言葉から起きています。もちろん心があってそれが言葉となって外に表われるものです。口のきき方ひとつで人を励ますことにもなるし、人を傷つけることにもなります。

仏典には「それ人の生まるるや斧《おの》口中にあり。身を斬《き》るゆえんはその悪言による」とあり、聖書には「誰も舌を制すること能《あた》わず。舌は動きてやまぬ悪にして、死の毒の満つるものなり」とあり、「最も強い返事をしようと思う時は、だまっているに限る」と夏目漱石は言っています。言葉は口から出たとたん一人歩きするものです。

よく学び、よく遊べ。

日本・ことわざ

この言葉は、筆者が子どもの頃、大人たちからよく言われました。

私たち子どもは、よく学んだ者がよく遊んでいいのだ、というふうに思っていたものです。

大人になったいま、この言葉のことを思うと、「この言葉通り実行できる人は幸せ者だ」と思います。

つまり、よく学ぶか、よく遊ぶか、それはよくできても、よく学びよく遊ぶという両方を兼ねることはそう簡単なことではありません。

寺田寅彦とか中谷宇吉郎という科学者は、よく勉強したのに、絵を描いたり音楽を愉しんだり名随筆を書いたりしています。正に両方を実行したのです。

論より証拠。

日本・ことわざ

『イソップ物語』の「母蟹《ははがに》と子蟹」の話をします。

「ねえ」と母蟹は子蟹に言いました。「なんでそんなぶざまな歩き方をするの？　格好をよくしたいのなら、真直ぐに前へ歩いたらいいわ、そんな横歩きはやめなさい」

「お母さん、僕とても格好よくしたいんだよ。だから、お母さんがやって見せれば、僕真直ぐ前に歩いてみるよ」と子蟹が言いました。

「ええ、もちろん、こうするのよ」と母蟹が言って、今度は左横へ歩きました。

子蟹は笑って「お母さんが真直ぐ歩くようになってから教えてよ」と言ってまた遊びに出かけました。

出典　塚崎幹夫訳『新訳　イソップ寓話集』（中公文庫）ほか

人の短をいう事なかれ、己の長を説くなかれ。物いえば唇寒し秋の風。

松尾芭蕉（1644～1694）日本・俳人

芭蕉は本名松尾宗房《むねふさ》といい、当時流行の談林風俳諧を学びましたがあきたらず、江戸深川の芭蕉庵に入り、独自の作風を生みだしました。

また「漂泊の思いやまず」に旅を愛し、『奥の細道』等の紀行文は、今も多くの人々に愛好されていますす。たえず新しさを求めた作品には即物的・庶民的な表現の中に強烈な個性がでています。

上の言葉は自戒とともに弟子達に語ったものでしょう。「唇寒《さむ》し」とは言葉の恐ろしさを見事に表現しています。

また「ほかの人のよくないことを言いたてて自分がすぐれていることを示してはならない」とも言っています。

もののほんとうの値うちを知れ。

フランクリン（1706～1790）アメリカ・政治家

私の父から聞いた話です。

ある時三人の男がコーヒー店に座っていました。その時、青いバナナが盆に山盛りされて出ました。一人は「はあいいな」と言い、一人は「だめだ、青いな」と言いました。あとの一人は「値段ばかり高くてね」と言いました。一人は画家で一人は商人。もう一人は、そのコーヒー店の主人でした。

画家はその時色の輝きを見、商人は味を感じ、店主は値段を考えたのです。この中の誰の心が一番磨かれていたのでしょうか。

画家はむろん輝いた青い色を見たばかりではないでしょう。輝きの底に潜むバナナのいのちそのものを見たに違いありません。

人の心は言葉に表われます。

新しい料理の発見は、新しい星の発見よりも人類の幸福に一層貢献する。

サヴァラン（1735〜1826）フランス・人文美食家

どうせ食べるならうまいものを食べよう、ということで多くの人々がすばらしい料理を発見し、発明し、今日に伝えてくれました。

例えば、世界の三大珍味といわれる食べ物は、キャビア、フォアグラ、からすみですが、みな奇妙な食べものです。キャビアはちょうざめの卵、フォアグラはがちょうの肝臓、からすみはぼらの卵巣、ということで普通の人なら手も出ない珍奇な食べ物です。

夏目漱石も、「初めてなまこを食い出せる人は、その胆力において敬すべく、初めてふぐを喫せる漢《おとこ》はその勇気において重んずべし」と言っております。

出典　泉三郎編著『達人たちの名言辞典』（東京堂出版）

急がず、休まず。

ゲーテ（1749〜1832）ドイツ・作家

ゲーテは、『若きウェルテルの悩み』『ファウスト』『色彩論』などの著作があるドイツ最大の文学者です。そして、ゲーテはワイマール公国の宰相（今の総理大臣）でもありました。

政治の困難な舵取りから生まれたのが、「急がず、休まず」という名言でしょう。

次のような名文もあります。

「思案なんぞ一切やめにして、一緒に世間へまっしぐらに飛び出しましょう。敢えていいますがね、瞑想なんかする奴は、枯れた草原の上を悪魔にとりつかれてぐるぐる引き廻される動物みたいなものです。その周りには美しい緑の牧場があるのに」

出典　ゲーテ『ファウスト』（岩波文庫）ほか

苦しみの中から喜びが生まれる。

ベートーベン（1770〜1827）ドイツ・作曲家

田舎でさといもを大量に洗う時、大きな桶に水と一緒にさといもを入れ、洗濯板のような板を真ん中に立てて、板をねじるように回してゴリゴリとかき回します。

板の動きでさといも同士がこすれあって、泥だけでなく黒い皮も取れ、出っ張っている所はもちろん、へこんでいるところも滑らかにきれいになります。このことを「芋こじ」といいます。

学校生活も同じことが言えます。生徒会活動でクラブ活動で学級活動で、友だち同士がゴリゴリとふれあい、協力したり反発したり、悩んだり苦しんだり、心や体をふれあう体験をしながら成長していくのです。

自分勝手はだめです。

すべてをうたがえ。

マルクス（1818〜1883）ドイツ・経済学者、哲学者

マルクスは科学的社会主義つまりマルクス主義の創始者。主著は『資本論』『共産党宣言』。

この言葉は、彼の娘が出した質問に答えた文章の中にあります。

「あなたのすきな徳行　質朴
あなたのすきな男性の徳行　強さ
あなたのすきな女性の徳行　弱さ
あなたの主要性質　ひたむき
あなたの幸福観　たたかうこと
あなたの不幸観　屈従
あなたの一番きらう悪徳　卑屈
すきな仕事　本食い虫になること
すきな格言　非人間的なものは私の関知しないところである
すきな標語　すべてをうたがえ」

出典　マルクス「告白」

習慣は木に文字を刻むが如し。木の長ずるにつれて文字は拡大する。

スマイルズ（1812〜1904）イギリス・著述家

福沢諭吉が明治四年、八歳の一太郎と六歳の捨次郎のために、日常の心得を書いた小冊子『ひゞのをしへ』が残っています。

「おさだめ。うそをつくべからず。ものをもらふべからず。兄弟けんくわかたくむよふ。人のうわさかたく無用。

……ほんをよんではじめのはうをわするゝは、そこなきおけにみづをくみいるゝがごとし。

よむばかりのほねをりにて、はらのそこにがくもんの、たまることなかるべし」と書き、続けておさらえ（復習）の大切さを教えています。その翌年諭吉は『学問のすすめ』を出し、勉強の習慣の大切さを説いています。

出典　渡辺徳三郎『福沢諭吉・家庭教育のすすめ』（小学館）

時々目を閉じよ。

ザメンホフ（1859〜1917）ポーランド・言語学者

「時々目を閉じよ」とは、常に前に進むだけでなく、時々立ちどまって自分を見直せということです。

「反省のない魂は、守り手のない財産のように破滅する」（ヤング・イギリス医学者）とも言われます。

筆者が十四歳の日記に書いた文章を紹介しましょう。

「私は自分という怪物をもてあましている。

朝、今日こそは！　と思って家を出ながら、学校に着いた途端、もう怠け者になっている。友達と仲良くしようと思いながら、もう喧嘩だ。家に帰ると何もしない。気が向くと鼻歌まじりでお手伝い。それもすぐ中止。

僕は何者？」

あなたはどうですか？

人間は習慣の束である。

デューイ（1859〜1952）アメリカ・哲学者

これは言葉を変えて言えば「習い性となる」（『書経』中国・古書）ということになります。

生活習慣というのは、食事、睡眠、排泄、洗面、歯磨き、箸の使い方、身の回りの整理整頓、時間や物や金銭を大事にするなど、日常生活に関するものが多いようです。

さらに生命を尊び、心身の健康・安全に努め、節度と調和のある生活をするということも大切です。

生活習慣を身につけることで、自分で自分をコントロールし、良いことは実行し、悪いことは実行しないという自己コントロールの力を体得することが大切です。

泣くな、怒るな、怠《おこた》るな。

岡田啓介（1868〜1952）日本・軍人

海軍大将岡田啓介は、第二次大戦末期に戦争集結の工作をして国難を救った人です。

筆者が子どもの時代は戦争に明け暮れたものです。この言葉は当時の少年雑誌『少年倶楽部《くらぶ》』に載っていました。

筆者は中学入学後すぐに先輩の鉄拳制裁を受けました。「お辞儀バッタ」の頭が高いというのです。その後、様々な理由で先輩に殴られ「泣くな」とがまんしました。自分が上級生になった時、生意気な下級生を見て「怒るな」とがまん、級友が遊んでいる時「怠るな」と自分に言いきかせ勉強に励みました。

こうしてこの名言は私を支えたのです。

ユーモアのない一日は寂しい一日である。

島崎藤村（1872〜1943）日本・作家

『ノートルダム・ド・パリ』『レ・ミゼラブル』などで有名なフランスの文豪ビクトル・ユゴーは、世界一短い手紙を書いています。

一八六二年、『レ・ミゼラブル』を出版して一ヶ月目、新作の評判が気になったユゴーは、ロンドンの出版社にあてて次のような手紙を出したのです。

「？」

つまり、「評判は？」というわけです。

これ以上短い手紙はないでしょう。これに対する出版社の返事も傑作でした。

「！」

というもの。「すばらしい！」

ユーモアはユーモアを生む見本です。

忙中閑《ぼうちゅうかん》あり。

安岡正篤《まさひろ》（1898〜1983）日本・陽明学者

安岡正篤は昭和の政財官界のリーダーたちが師と仰いだ人物です。

その教えは、弱者に対する思いやりなど人間の真理を説くものです。多くの著書があります。この言葉は「六中観」の一つです。

死中有活・死んだつもりで頑張る
苦中有楽・苦労の中に楽しみ有り
忙中有閑・忙しい中に真の閑《ひま》有り
壺《こ》中有天・自らの生活に別天地有り
意中有人・理想の人が心中に有り
腹中有書・確かな哲学が腹中に有り

「忙中有閑」についての説明。

「閑ができたら勉強しよう、など と考えてもだめです。閑のある人はあくびをして呆けている。閑は忙中にあるのです」

出典　安岡正篤『干支の活学』（プレジデント社）

明日になればなんとかなる。

菊田一夫（1908〜1973）日本・劇作家

『がめつい奴』『君の名は』で有名な菊田一夫は、若い頃どん底の苦労の連続だったそうです。死のうと思った時が三度あり、その三度めの絶望の時鎌倉の海に行ったがとうとう飛び込めませんでした。当時詩を教わっていた萩原朔太郎宅に行き、「人生は苦しくとも生きていくんだな」と言われ、もう一度頑張ってみようと思い直したのでした。十九歳の時でした。

その翌日、サトウハチローに米二升と沢庵二本貰って生きのびたのです。こうして彼は明日になればなんとかなると考えるようになり、この人生訓が後の名作を生みだす力となったのです。

出典　扇谷正造編『私をささえた一言』（青春出版社）

第5章

自然
環境
文化

自然

次に来る旅人のために、泉を清く保て。

成吉思汗（チンギス・ハーン）（1167〜1227）中国・元朝始祖

外出して洗面所やトイレに入ったら汚れていてとても気持ちの悪い思いをしたという経験はありませんか。

切符売り場の窓口で前の人が駅員さんと長々とやり合って長時間待たされたことはありませんか。

行楽地へ出かけてあちこちにごみが散らかっていて気分を悪くした経験はありませんか。

これらはみな、次の人のこと、あとから来る人のことを考えないために起こってくるのです。

これとは反対に、ビルなどの出入口で前の人が開けたドアを手で押さえながら待ってくれた時など気分のよいものです。

誰もが気持ちよく暮らすために、次の人のことを考えましょう。

自然は神が書いた偉大な書物である。

ハーベイ（1578〜1657）イギリス・生理学者

漱石の『夢十夜』という小説の中に次のような話がでています。

鎌倉時代のある日、大きな木をけずっている彫物師がいました。みるみるうちに見事な仏さまが彫り出されていきます。それを見ていた見物人の一人が「どうしてそんなにうまいのか？」と聞きますと、その彫物師は「うまいのではない。この木の中にはじめから仏さまがいらっしゃって、私はそれをほりだしているにすぎないのだ」と答えました、というお話です。

つまり仏さまは彫物師の頭の中にすでに形となっていたのでしょう。見方を変えれば、自然の中にある命をほりだしたのです。

出典　夏目漱石『夏目漱石全集10』（筑摩書房）

天物謝恩。

日本・ことわざ

昭和五十七年十月三日、日笠山環《たまき》さんは永眠。東京農業大学造園学科三年、二十歳、じん臓病でした。

家族が遺品を整理したところ、大学ノート、レポート用紙など数十冊に手記や詩がびっしり書き込まれていました。「青葉が風にそよぐと海が恋しくなり、プラタナスの葉が黄色く染まると秋の訪れを、やがて枯れ葉が舞う公園に冬を知るそれらは、どんなに人々の心のやすらぎと、自然の素晴らしさを伝えることか。緑は科学ではない、心だ」高校二年生のとき森を守る「草刈り十字軍」に参加、大学で自然保護研究会で活動。自然を愛した二十歳の生涯でした。

出典　『読売新聞』（平成六年十月十二日付夕刊）

環境

「モッタイナイ」は世界を動かす。

ワンガリ・マータイ（1940〜　）ケニヤ環境副大臣

ケニヤのワンガリ・マータイ環境副大臣は砂漠化を防ぐ植林活動やごみ減量の3R運動等の活躍が認められ、二〇〇四年ノーベル平和賞を受賞しました。3Rは①Reduce（リデュース）消費の減量②Reuse（リユース）物の再利用③Recycle（リサイクル）物の再生利用の三つです。二〇〇七年六月九日夜、日本テレビに出演したマータイ副大臣の話を聞きました。副大臣は環境改善活動を示す言葉を世界中から探し、日本でモッタイナイを発見し、それを世界中に広め始めました。日本で食べ物や衣類、レジ袋等が大量に捨てられていると警告し「モッタイナイには環境を大事にする日本人の愛と感謝の心があり素晴らしい」と。

天変地異。

日本・ことわざ

「天変」は台風、大雨、大雪等の気象上の変事。「地異」は地上に起こる地震、洪水、干ばつ、不漁等です。二〇〇七年四月六日気象変動に関する政府間パネル（IPCC）4次評価報告書が採択され、地球温暖化現象が私たちの生活を激変させるという厳しい報告になっています。「気温が一・五度～二・五度上がると二〇％～三〇％の生物種が絶滅する可能性が高い」とし、例えばある特定の種が絶滅すれば、これをエサにする動物、さらにその動物を食べる哺乳類等も連鎖的に絶滅、最終的に生態系そのものが崩壊するというのです。私たちは地球温暖化防止のため無駄な電気や水を使わずゴミを出さないことです。

油断大敵。

日本・ことわざ

アメリカ元副大統領アル・ゴア著『不都合な真実』に（ランダムハウス講談社）は地球温暖化がこのまま進むと人類史上最悪の被害がやってくると多くの図版や写真を使って警告しています。

また、二〇〇七年五月二十四日、NHKテレビ「地球を救え・環境革命の提言」で環境学者レスター・ブラウン博士は「災害・山火事・洪水・台風などは未来の災害ではなく今起こっている。温度が加速度的に上昇、地球環境は限界を越えている」と言い「化石燃料から自然エネルギーへ転換せよ」と提言。しかし、バイオエタノール生産は食糧不足が起こると警告しています。私たちはまず身近なところから温暖化対策を始めることです。

自然は偉大なる教師なり。

日本・ことわざ

石川啄木はうたっています。

「ふるさとの山に向かいて　言うことなし　故郷の山はありがたきかな」

「日本が世界に誇れるものは何か？」と聞かれたら、どう答えますか。

最近、わが国の若者（十五〜二十二歳）を対象に調査したところ、こんな結果がでました。

第一位「伝統と独自の文化を持っている」、第二位「国民が勤勉である」、第三位「美しい国土がある」、第四位「国民の自由が保障されている」、第五位「戦争を放棄している」、第六位「国のまとまりがよい」

外国人は「美しい国」とほめます。「自然に学べ！」です。

自然に帰れ！

ルソー（1712〜1778）フランス・思想家

ルソーはスイスのジュネーブ生まれ、生後まもなく母を失い、十歳の時父が行方不明となり、不幸な少年時代を送りました。十六歳で放浪の旅に出て、知遇を得たバラン夫人の保護で音楽・古典などを学びました。

のちパリに出てディドロ・グランベールら百科全書派の思想家たちと交わり、一七五〇年、懸賞論文『学問芸術論』が一等当選して一躍有名になりました。

次々と発表した著作のうち『エミール』は特に有名で、主人公の少年エミールに託して性善説を展開、堕落した人間を救う道は「自然に帰ること」と主張、自由な活動が自然な成長を促すと世界に訴えました。

小生思うに、わが国特有の天然風景はわが国の曼陀羅《まんだら》ならん。

南方熊楠《みなかたくまぐす》（1867〜1941）日本・生物学者

南方熊楠は和歌山生まれ、米英へ私費留学、ロンドン学会の天文学懸賞論文に一位入選。大英博物館東洋調査部に勤め、粘菌《ねんきん》を研究して多くの新種・変種を発見、帰国後は和歌山で粘菌採集に没頭、四千五百種、六千点を集めました。その博識は有名です。

上の言葉は明治四十五年二月、東京大学教授白井光太郎宛書簡の一節です。

当時の政府が神社を一町村一社に限ろうとした神社合祀政策に反対したのです。この合祀で神社の森が伐られ貴重な植物が死滅することを恐れたのです。

熊楠によって守られた神社の森がいくつかあり、村民は今も感謝しています。

天災は忘れた頃にやってくる。

寺田寅彦（1878〜1935）日本・物理学者、文学者

この名文句は、寺田寅彦の随筆『天災と国防』（昭和九年）にある一節を弟子の中谷宇吉郎が要約したものといいます。「寺田先生が防災科学を説く時にいつも使われた言葉」として紹介され広く知られるようになりました。自然に対する人間の思いあがりを戒める言葉として最近よく引用されるようになりました。

寺田寅彦は熊本の旧制五高で夏目漱石に英語と俳句を学び、東京帝国大学物理学科卒業、ドイツ留学で地球物理学を研究。帰国後独自のX線回析を研究する傍《かたわ》ら科学随筆に独自の作品を残しました。「科学者の随筆」として親しまれています。

出典　寺田寅彦『天災と国防』（岩波書店）

文化

初心忘るべからず。

世阿弥（1363～1443）日本・謡曲作者

世阿弥は室町時代の能役者であり能作者でもあります。演者としてすぐれたばかりでなく、百以上の名曲をつくり、三代将軍足利義満に庇護され、父観阿弥の創造した能楽を大成、幽玄美の理想をもって美術的に洗練完成させ、能楽史上最高の功労者と言われています。

『花伝書《かでんしょ》』『申楽談義《さるがく》』など多くの著書によって能楽の芸術論を説いた業績は大きく、現在もその理論は生きています。

また『高砂』『敦盛』などの謡曲も多数あり、いまも盛んにうたわれています。

「初心忘るべからず」とは、何事をなすにも、馴れてくると慢心《まん》がでてくるのを戒めた言葉です。

親切な一行、愛の一語が、この世を天国にする。

西洋・ことわざ

小さな一つの親切、ほんの一言のやさしい言葉が、非常に尊いものであるという教訓です。

「諸君は『小さな親切』を勇気を持って実行し、やがて、日本の社会のすみずみまで埋めつくすであろう親切という雪崩《なだれ》の芽になってほしい」

昭和三十八年三月、当時の東京大学長茅誠司が、卒業式で卒業生に贈ったこの告辞は、新聞などで大きく報道され、同年六月十三日に「小さな親切運動」が発足しました。

「できる親切は皆でしよう」「人を信じ、人を愛し、人に尽くす」をスローガンに、運動は全国に広がり、二百五十万人の会員がいます。

法律の備わざるところは格言これを補う。

西洋・ことわざ

私たちは法律を守って暮らしています。しかし、法律の定めがない道徳についてもそれを守って暮らしています。

例えば「親切」について言えば、他人に不親切だからといって法律で罰せられることはありません。しかし他人には「親切にせよ」という法律がないからといって親切に無関心でよいというわけではありません。

そこで法律の代わりに格言が私たちにその大切さを教えてくれるのです。

「親切は社会を結びつけている黄金の鎖《くさり》である」（ドイツ・ことわざ）

しかし親切は勇気がいります。でも親切はした側もされた側も心を豊かにしてくれるのです。

偉大な精神が親切に表われる。

北欧・ことわざ

Aさんが北欧のコペンハーゲンに旅した時のことです。

Aさんがバスに乗りこんだとたん、前の座席に座っていた二人の青年がさっと立ちあがりました。Aさんは入口に近い青年の席に座らせていただきました。高齢者を見ると席をゆずるのが当たり前なのでしょう。

やがて病院前の停留所にとまった時、足の不自由なおじいさんと孫の青年が降りました。二人が降りてもバスはドアを開けたまま動きません。何が起こったかと見ていると、先程の青年が乗り込み、もとの席に座るとドアが閉まりバスは発車しました。青年は孫ではなかったのです。

素敵な国です。

ペンは剣よりも強し。

スペイン・ことわざ

文化は武器よりも強いということの言葉は、世界の歴史の中で証明されています。

「ペンをもって書かれたものは、斧《おの》をもってするもこわされず」（ロシア・ことわざ）とか、ナポレオン三世の政策に反対して国外に追放されたフランスの作家ユゴーも、「剣もし筆を殺さずんば筆をもって剣を殺さん」と言い、イギリスの作家リットンも「完全に優れた人々の支配下では、筆の力は剣にまさる」と言っています。

交わる二つのペンは慶応義塾の校章です。

元塾長小泉信三は、「ペンの益々剣より強くなることを」願い、同時に、「筆の濫用」を戒めています。

知識は力なり。

ベーコン（1561〜1626）イギリス・思想家

ベーコンはイギリスの随筆文学の父と言われています。政治・哲学・宗教・自然などが明解で見事な文章で表現され、まさに「知識は力なり」の証明となっています。

ベーコンは大の読書家で、「読書は充実した人間を作り、書くことは正確な人間を作る」という言葉を残しています。

さらに、「ある本はその味を試み、ある本は呑み、少数のある本はよく噛《か》んで消化すべし」と言って、読書の方法についても私たちに名言を残しています。

ベーコンが頭でっかちでなく経験を重んじた人だったことがよくわかります。

「玉磨かざれば光なし」（日本・ことわざ）です。

世にはたくさんのいい格言がある。人がそれらを適用することに欠けているだけだ。

パスカル（1623〜1662）フランス・科学者、哲学者

「人間は一本の葦にすぎない。しかし考える葦である」という有名な言葉を残したパスカルは、幼児から天才と言われ、数学者、物理学者として数々の発明、発見をしています。これは彼が人間の知恵を賛美している言葉でしょう。

ドイツの哲学者ニーチェにも次の言葉があります。

「箴言《しんげん》の賛美―立派な箴言というものは、時の歯にとって余りに固すぎる。そしてあらゆる世紀もこれを食いつくせない。それはいつの時代のためにも栄養に役立つものであるけれども。……立派な箴言は丁度塩のように決して利かなくなることのない食物である」

出典　創元社編集部編『金言名句新辞典』（創元社）

情《なさけ》は人のためならず。

日本・ことわざ

人に親切にすると、その人に甘えが生まれるから人のためにならない、とこの言葉を誤解している人がいます。これは、人に情をかけると、それが自分へ返ってくるというのが本来の意味です。

イソップ物語に「獅子《しし》と甘日鼠《はつかねずみ》」という話があります。

ある時、獅子が目をさますと足の下に甘日鼠がいました。獅子が一口に食べようとすると「私の命を助けてください、きっとご恩返しをします」と言います。獅子は笑いましたが逃がしてやりました。

まもなくして獅子は猟師のわなにかかって捕まり、甘日鼠が大縄を咬《か》み切って獅子を助けたのです。

出典　塚崎幹夫訳『新訳　イソップ寓話集』（中公文庫）ほか

知って行わざるは、知らざるに同じ。

貝原益軒（1630〜1714）日本・儒者

満員電車の中でのことです。電車が駅で急停車した時、私の横にいた男性が「痛い！」と大声をあげました。

向こう隣りにいた中年女性が足を踏みつけたのです。その女性は何と言ったと思いますか。

「へたな運転手」と言ったのです。

どんな小さなことでも、人に迷惑をかけたら「すみません」とか「ごめんなさい」と言い、親切にしてもらったら「ありがとうございます」と感謝すべきです。

私の息子が欧米旅行の時、飛行機で隣席のアメリカ人から「メイ・アイ・ヘルプ・ユー」と言われびっくりしたそうです。

「あなたのお役に立つことはありませんか」なのです。

父母の恩の重きこと天の極まりなきが如し。

『父《ぶ》母《も》恩重経』日本・仏典

『父母恩重経』には、父母が子を愛情細やかに育てるさまをくわしく説明し、父母の恩の重さを教え示しています。そして、その結論として最後の言葉がこの一句。

『孝経』には次の言葉があります。「身体髪膚《はっぷ》これを父母に受く。あえて毀傷《きしょう》せざるは孝の始なり」

この名言は日本人にとって重要な教訓となりました。

このあとに次の言葉が続きます。「身を立て道を行い名を後世に掲《かか》げ、もって父母を顕《あら》わすは孝の終りなり」

子が人格才能のすぐれた人間になるほど親として嬉しいことはありません。

また「孝行をしたい時に親はなし」という格言もあります。

ことわざは一人の機智であり、万人の智恵である。

ラスキン(1819〜1900)イギリス・文明批評家

「金言は我々が釈明に困っている場合、驚くほど役に立つ」(プーシキン)だけでなく、金言の一つ一つが私たちの心に深い感銘を与えてくれます。

例えば、時間の大切さについて「時は金なり」ということわざがあります。

約束の時間を守らないで他人に迷惑をかけることは悪徳だと誰でも知っています。

それなのに私たちはどうして時間にルーズなのでしょう。

十人の集会に十分遅れてきた人は、他の九人に十分ずつ、合計九十分の時間を奪ったことになります。

当人だけでなく待たされた人たちも時間のムダを気にしません。これがダメです。

原始時代の人は、その恋人に花輪を捧げることによってはじめて獣性を脱した。

岡倉天心（1862〜1913）日本・美術評論家

これは岡倉天心の有名な著書『茶の本』（角川文庫ほか）に出てくる言葉です。「花輪」を恋人に捧げることで人間が原始の獣性を脱して「文化」の世界に入ったというのです。

花は私たちの食料にはならないし、腹の足しにもなりません。時間がたてば散ってしまいます。この意味では花には何の実用性もありません。

しかし、この世の中から花をなくしてしまったら砂漠のようになってしまいます。愛の表現として花輪を恋人に贈るという美意識を自覚した時、人間は獣性を脱したのです。

「原始人が不必要な物の微妙な用途を認めたとき人間らしくなった」と。

我々は伝統の中に生きている。しかし、それに批判的でなければならぬ。

アインシュタイン（1879〜1955）アメリカ・理論物理学者

現役中は体が小さくても「奇策の天才力士」といわれ、引退後は大相撲解説者として活躍している舞の海秀平さんの話を紹介します。

「おいチビ、もっと飲め」相撲部屋に入門した舞の海は先輩達から酒の集中砲火を浴びたそうです。相撲の世界では年齢は関係ありません。一日でも先に入門した方が先輩なのです。稽古場でも一瞬たりとも気が抜けません。そんな時、先輩の両国関に「悔しかったら強くなれ」と言われ立ち直ったそうです。体が小さく怪我ばかりでしたが確実に強くなりました。強くなれが伝統ですがその中で「強くなる工夫」をすることがさらに成長を促すのです。

出典『ＰＨＰ』平成十八年二月号

読書

部屋に書籍なきは、体に精神なきが如し。

キケロ（前106〜前43）古代ローマ・雄弁家

ローマの政治家で雄弁家であるキケロは、「祖国の父」と呼ばれました。

心底からの共和主義者で独裁政治に反対して追放されたあげくに暗殺されました。

『友情論』などの著作で多くの名言を残しています。

上の言葉に似た名言を別のところで次のように言っています。

「書籍なき家は、主人なき家のごとし。

書物なき部屋は、魂なき肉体にさも似たり」

イギリスの著述家スマイルズも、「人の品格はその読む書物によって判断しうること、あたかもその交わる友によって判断しうるごとし」と言っています。

読書随処浄土。

『禅林句集』日本・宗教書

この名言は、読書は、いつでも、どこでも、読みたい時に読めて、楽しいひとときを過ごすことができるといっています。

ここでは西條八十《やそ》の「書物」という詩を紹介します。

一、

雨がふるとき、―風邪ひいて
すきな遊ができぬとき、
こどもよ、書物をお讀みなさい。
書物はあなたをつれてゆく、
海山こえていく千里
知らない國や、とほい國。
見たこともない人たちや、
また、めづらしい動物が
あなたと遊び、話する。
書物を讀めば、友だちは
いつも出てくる、眼のまへに。

出典　西條八十『少年詩集』（講談社）

ひとり灯《ともしび》のもとに文《ふみ》をひろげて、みぬ代の人を友とするぞ、こよなう慰むわざなる。

兼好法師（1283〜1350）日本・南北朝時代の歌人

この言葉は兼好法師の書いた随筆『徒然草』の第十三段の一節です。

ともしびの下に書物をひらいて、自分の知らなかった時代の人の書いたものに接して、心と心のつながりを味わうことほど慰められることはない、という意味です。

読書の効用をこれほど簡潔に表わした言葉はないでしょう。

アナトール・フランスというフランスの作家も、

「私が人生を知ったのは、人と接触した結果ではなく、本と接触した結果である」

と言っています。

「みぬ代の人」と友情を結ぶのが読書の楽しみです。

同じ時代の人でもいいのです。

読書は人生の糧《かて》。

イギリス・ことわざ

マーク・トウェーンはアメリカ文学のリンカーンと呼ばれる立志伝中の人物です。

印刷工だった十四歳の時、町を歩いていて風に吹かれた一枚の紙きれを拾いました。何気なく読むと、それは、あの名高いフランスの英雄、ジャンヌ・ダルクの伝記の一ページだったのです。そこには、愛国心に燃えるオルレアンの乙女が捕らえられて、ルーアンの城にとじこめられる場面が書かれていました。「何とひどいことを!」トウェーンは名前も知らなかった乙女の話に感激し、この時からジャンヌ・ダルクの本を次々と読み、やがて文学にめざめたのでした。

出典　鈴木健二ほか『人を動かす「名言・逸話」大集成』(講談社)

すべて良き書物を読むことは、過去の最もすぐれた人々と会話をかわすようなものである。

デカルト(1596〜1650)フランス・哲学者

中学二年生の夏のことです。私は一つの計画を思いつきました。

私は幼い時から世界を一周して見知らぬ土地を訪ねる夢を持っていました。その夢が「世界一周読書の旅」という計画を思いつかせたのです。

模造紙に世界地図をかき、一国に一人ずつ作家名を記入し、その作家の代表作を一冊ずつ書きこみました。例えば、ロシアはトルストイで『戦争と平和』、ドイツはゲーテで『若きウェルテルの悩み』、フランスはロマン・ロラン『ジャンクリストフ』といった具合。

夏休みになり早速世界一周の旅へ出発しました。

「どう読むか」は「どう生きるか」です。

読書百遍、意おのずから通ず。

日本・ことわざ

アメリカ合衆国第十六代大統領リンカーンは、ケンタッキー州の片田舎に生まれ、家が貧しかったため、小さい時から毎日開墾の仕事に駆り出されて、彼が学校に通った日数は一年たらずでした。

それでも学問好きだったリンカーンは、手当たり次第に本を読みました。十六歳のある日、リンカーンは数キロ先の家から初代大統領ワシントンの伝記を借りましたが、大雨で丸太小屋にあった本がぬれてしまったのです。汚れた本を返して三日間働いて償いました。

「ほうびにこの本をあげよう」持ち主からもらった伝記をくり返し読んで大統領への道を歩きました。

出典　鈴木健二ほか『人を動かす「名言・逸話」大集成』(講談社)

ホメロスなくしてトロイヤなし。

シュリーマン(1822〜1890)ドイツ・考古学者

シュリーマンは八歳の時、お父さんからイエツラーの『子どものための世界歴史』を贈られました。その本には巨大な木馬の話やトロヤのさし絵が入っていました。

お父さんが言いました。

「それはね、ただの絵空事《えそらごと》だよ」

そしてホメロスの英雄やトロヤ戦争について話してくれました。

シュリーマンはホメロスの『イリアス』や『オデュッセイア』にうたわれた世界が地の底に眠っていると確信し、将来トロヤを自分の手で発掘する志《こころざし》を立てたのです。以後シュリーマンは商売で計画的に私財をため、四十八歳以降トロヤ発掘に専念、遂に発見したのです。

出典　シュリーマン／関楠生訳『古代への情熱―シュリーマン自伝』(新潮文庫)

書を読まざる日は損失の日なり。

内村鑑三（1861〜1930）日本・思想家

余は書を読まざるの日は、損失の日と見なす者なり。

余は食うべきの食物なきも、二、三日を忍ぶを得べし。着るべきの衣服なきも、さほど困難なりと思わず。

しかれども、読むべきの書籍なき時は、余は、大饑饉《ききん》を感ずるなり。

故に、些少の収入も、その大部分はこれを書籍のために投ずるなり。

余の家に財貨とては一つもあるなし。

ただ、架上数百冊の書のあるありて、これ、余と余の家族の誇る宝物なり。

出典　近代思想研究会編『内村鑑三のことば』（新文学書房）

読書を廃す、これ自殺なり。

国木田独歩（1871〜1908）日本・作家

読書の三つの効用

第一の効用。その本の著者と対話すること。「ひとり灯《ともしび》のもとに文《ふみ》を広げて、見ぬ代の人を友とするぞこよなう慰《なぐさ》むわざなる」（兼好法師）。

第二の効用。読書のいいことは、いつでも、どこでも、相手いらずにできること。『禅林句集』に「読書随処浄土」という言葉があります。

第三の効用。本を読むと顔がひきしまって、美しくなるということ。

「本を読んでものを考えた人と、まったく読書しない人とは明らかに顔がちがう。読書家が精神を集中して細字を見るため、その目に特殊な光を生じ、読書家の顔を作る」（小泉信三）

正義

義を見てせざるは勇なきなり。

孔子（前551〜前479）中国・儒教始祖

Oさんから聞いた話です。

一九四〇年代前半のことです。当時、中国東北部は満州といって日本が支配していました。

ハルビン市内の小学校で運動会があり、中国人の子どもは、両親から絶対に全力で走ってはいけない、日本人に勝ってはならぬ、と強く注意されたそうです。ところが、親の言いつけを守らず一等になった子がいました。

その子は閉会式に表彰されましたが、後日この親子は気絶するまで日本人に殴られました。みせしめのため、このリンチは人前で行われたそうです。

この時、日本人女性教師がこの子を身をもって守り、彼女も重傷を負いました。

もし正義が滅びるならば、
人はこの世に住む必要はなかろう。

カント（1724～1804）ドイツ・哲学者

筆者が勤めていた公立中学校で、生徒会が「いじめ追放運動」に取り組み、実態調査を実施したら予想以上のいじめが明るみに出ました。多い学級では十件を超えました。

生徒会は①いじめを許すな、②いじめを見逃すな、③正義の通る学級にしよう、の三つのスローガンを決め、いじめが起こったら学級全員で討議し、自分たちの力で解決するようになりました。

生徒会主催の「学級弁論大会」では、ふだんいじめられていた生徒たちが日頃のくやしさを皆の前で発表し、学級に居場所がなかったことを訴えました。

「苦を同じくすることが正義と人間愛の根本」です。

青年よ、青年よ、つねに正義と共にあれ。もし正義の観念が汝のうちでうすれるようなことがあれば、汝はあらゆる困難に陥るだろう。

ゾラ（1840～1902）フランス・作家

ゾラは文学に実験的方法をとり入れる自然主義理論を確立しました。

実験小説論をまとめ、『ルゴン・マッカール双書』二十巻でそれを展開しました。その中の『居酒屋』『ナナ』等は有名です。

一八九四年、フランスのユダヤ系砲兵士官ドレフュスがドイツのスパイ容疑で逮捕、証拠不十分のまま軍法会議で終身刑に処せられ政治問題化しました。

一八九八年、ゾラは「私は弾劾《だんがい》する」を発表して官憲の不正を糾弾し、官憲の威嚇《いかく》・扇動にも屈せず戦いました。

一年間イギリスに亡命しても正義の戦いをやめず、再審の結果、ドレフュスは釈放されたのです。

平 和

良い戦争、悪い平和なんてあったためしはない。

❖

フランクリン（1706〜1790）アメリカ・政治家

アメリカの独立期に活躍したフランクリンは、自分が享楽に流されがちなのを知っていて、それに打ちかとうとして一生努力しました。

彼の作った十三の戒律は有名です。一、節制（あきるまで食べるな、酔うまで飲むな）、二、沈黙（益なきことは語るな）、三、規律（仕事はきめてせよ）以下、決断・倹約・勤勉・誠実・正義・節度・清潔・平静・純潔そして十三、謙譲（イエスとソクラテスに見習え）と毎日守るよう務めました。

このようなフランクリンにとって、暴力によって人を制するなどもってのほかだったのです。

「神は平和をもたらし、悪魔は戦争をもたらす」とも言っています。

君死にたまふことなかれ。

与謝野晶子(1876〜1942)日本・歌人

明治三十七年(一九〇四)、日露戦争の宣戦布告が出された時、与謝野晶子は「君死にたまふことなかれ」という詩を発表しました。

この詩をみて多くの人が驚きました。

批評家の大町桂月は、この詩を天皇の宣戦布告詔書を非難したものときめつけました。晶子は、詩は人間の真情を吐露するもので、弟に死んで帰れというものか、と反論したといいます。

「あゝ弟よ君を泣く。君死にたまふことなかれ……親は刃《やいば》をにぎらせて人を殺せと教へしや、人を殺して死ねよとて二十四までを育てしや……旅順の城はほろぶとも、ほろびずとても、何事ぞ……」

出典　与謝野晶子『恋衣《こいごろも》』(日本近代文学館)

人々はすでに非暴力の境地に達した。これは世界における平和の宣言であろう。

ガンジー(1869〜1948)インド・独立運動指導者

マハトマ(偉大な魂)の名で呼ばれたガンジーは、イギリスに留学して弁護士となり、一八九三年から二十三年間南ア連邦に滞在してイギリス植民地主義の悪政と戦いました。

一九一五年に帰国してインド国民会議派に入り、二〇年代、三〇年代、四〇年代と三回にわたって反英非協力非暴力の大衆運動を指導、数次の逮捕・投獄を受けました。

絶対に暴力を排し、最後まで無抵抗主義で闘争を続けたガンジーは、一九四七年インド独立を達成しました。

「暴力により人を制するは、憐むべく卑しむべきの極である」(トルストイ)

勤労

牛乳を配達する人間は、
これを飲む人間よりも健康である。

イギリス・ことわざ

このことわざは勤労の素晴らしさを見事に言い表わしています。

「本当の成功は働くことだ」(スチーブンソン)、「勤労があって初めて安楽も休息もある」(カーネギー)と言われます。

つまり働くからこそ余暇の楽しみも休息のくつろぎも生まれるのです。

働かない人にそういう楽しみもくつろぎも生まれるはずはありません。

牛乳を配達することで勤労の喜びが成功の幸せを招くのです。朝早く起きて牛乳を配達することが体力づくりにもなり、健康な心身を生みだす力になるのです。

また「立てる農夫は座せる紳士より尊い」という名言もあります。

俺は高く清く働こう。

バルザック（1799〜1850）フランス・作家

バルザックはフランス革命から二月革命までの半世紀を描いた大作『人間喜劇』で近代写実主義の代表的文豪といわれています。

「俺は高く清く働こう。夜昼なく働いて俺の勤労労苦だけで成功をかちえたい。自分の生活を反省し百合のようにそれが清浄なのをみる程美しい事がまたとあろうか」

（バルザック『ゴリオ爺さん』）

この世の中には、何百、何千という仕事があります。君たちにとっては、学校での勉強が仕事といえるでしょう。仕事の中味は教科の勉強やクラブ活動、生徒会活動、学級の活動、それに毎日の清掃活動など、いろいろあります。「人間の生き甲斐は仕事を持つことだ」という意味を考えたいものです。

世の中で一番楽しく立派なことは一生涯を貫く仕事をもつことです。

福沢諭吉（1835〜1901）日本・教育家

福沢諭吉『心訓』

世の中で一番楽しく立派なことは一生涯を貫く仕事をもつことです。
世の中で一番みじめなことは人間として教養のないことです。
世の中で一番さびしいことはする仕事のないことです。
世の中で一番みにくいことは他人の生活をうらやむことです。
世の中で一番偉いことはひとのために奉仕し、決して恩にきせないことです。
世の中で一番美しいことはすべてのものに愛情をもつことです。
世の中で一番悲しいことはうそをつくことです。

出典　福沢諭吉／近代思想研究会編『福沢諭吉のことば』（新文学書房）

誰もやったことのない仕事こそ、やりがいのある仕事だ。

御木本幸吉（1858〜1954）日本・実業家

御木本幸吉は世界で初めて真円真珠の養殖に成功した人です。

彼は穀物商を営むかたわら、鳥羽の海にもぐって真珠貝を採りました。しかし十日に一個しか見つかりません。

ある日「真珠は養殖できる」という話を聞きました。ただ誰も実行する人がいなかったのです。彼は多徳島に真珠養殖場を作って研究を重ねました。

その頃、伊勢神宮に詣でて誤って五十銭の賽銭を入れたのです。当時の日当が三銭で、二銭が身分相応なのです。懸命に四十八銭の返還を求めてねばったそうです。

やっと返ってきたお金のおかげで四年めに真珠養殖に成功したのです。

仕事が楽しみならば、人生は楽園だ。仕事が義務ならば、人生は地獄だ。

ゴーリキー（1868〜1936）ロシア・作家

ゴーリキーは政治家として度々投獄され、下層階級の悲惨さと不屈を描き、特に戯曲『どん底』で世界的名声を得ました。

この言葉は苦難の放浪生活の中から生まれたものでしょう。

「仕事に打ち込んだ顔は美しい」（日本・ことわざ）といいます。この美しい顔は仕事が楽しい人の顔です。

「仕事は人生の塩なり」（イギリス・ことわざ）。塩がなかったら人間は生きていけません。

「私の処世信条は仕事だ。自然界の神秘を究明して人類の幸福に資せんとする仕事だ」（エジソン）

ゴーリキーの言葉の「仕事」を「勉強」におきかえてみてください。

勉強が楽しい人は幸せです。

第6章

学習

温故知新。

孔子（前551〜前479）中国・儒教始祖

これは『論語』にある言葉で、「故《ふる》きを温《たず》ねて新しきを知る」ということです。「温故」とは歴史を勉強すること。「知新」とは現代を生きるための見識を身につけること。つまり、現代を生きていくためには、まずそれまでの歴史に学ぶ必要があるということです。

孔子は「故《ふる》きを温《たず》ねて新しきを知れば、以《も》って師たるべし」と言い、「温故知新」はリーダーの条件だと言っているのです。

歴史は事例の宝庫であり、現代の課題解決の参考になり、先人の苦労や失敗を教訓にできます。なぜ興《おこ》りなぜ亡《ほろ》んだか、その原因も学べます。

混迷の現代は歴史に学べ、です。

出典　孔子『論語』

三人行けば必ず我が師あり。

孔子（前551〜前479）中国・儒教始祖

これは『論語』にある言葉です。「三人行けば、必ず我が師あり。その善なる者を択《えら》びてこれに従い、その不善なる者にしてこれを改む」というのです。その意味は、三人で道を歩いていると、他の二人から必ず教えられることがあるはずで、長所があればそれを見習えばいいし、短所があれば自分の反省に役立てればよい、というのです。

さらに「どんな小さな村にも、私のような誠実な人間はいるはずだ。だが私ほど勉強好きな者はどこにもいないだろう」と言っています。

貧困の中で育った孔子は、周りの人からも学んだのです。

人づきあいを避けてはいけません。

螢雪の功。

『晋書』中国・晋代（265〜316）の正史

『晋書』は唐の太宗が、房玄齢《ぼうげんれい》、李延寿《りえんじゅ》らに命じて選ばせた晋代の正史で、「螢雪の功」とは、晋書の車胤《しゃいん》伝・孫康《そんこう》伝にある話です。

車胤も孫康も大変な貧乏の中で勉学を続けました。車胤は灯火用の油が買えないので、螢をあつめてそれを灯火用にして勉強をし、孫康も雪あかりを灯火がわりにして勉強したというのです。

二人ともそれほど苦労して勉強したので学者になれたという話です。

日本でも江戸時代の荻生徂徠《おぎゅうそらい》が若い頃本代に追われて空腹になると豆腐カスで飢えをしのいだということです。

『螢雪時代』（旺文社）という名前の受験雑誌があります。

学ぶにおそきときなし。

イギリス・ことわざ

『東海道五十三次』を描いた江戸時代の有名な浮世絵師安藤広重は、大みそかの夜、家の仕事が片づいたのでふらりと築地付近を散歩しました。

疲れたので果物屋の店先に腰をおろし、ミカンを食べながら店の主人と世間話をしているうちに絵の話になりました。

「近頃広重という浮世絵師の版画が大変な評判ですが、私は余り感心しません。あの街道にあんな風体の人物が通っているはずがありません。何ともおかしいですよ」

広重はがくぜんとし、急に旅立ちました。

想像とは違う道中の風景をスケッチしながら旅を続け、絵の修行をつんだのです。

師を凌駕《りょうが》せざる者は哀《あわ》れなるかな。

レオナルド・ダ・ヴィンチ（1452～1519）イタリア・芸術家

レオナルド・ダ・ヴィンチは画家・彫刻家・建築家・科学者で、盛期ルネサンスの古典芸術の完成者の一人です。彼のこの言葉で発奮した人は沢山います。日本の著名な洋画家・林武もその一人です。

無名の貧乏画家だった林武は、絵が一枚も描けなくなり絶望状態が三年間も続いたそうです。そんなある日、レオナルドの手記を読んでいて突然この言葉に出会い大きな衝撃を受けました。そうだ、私は先輩たちの後を追いすぎていた。親から歩くことを学んだ子どもは今度は自分の足で歩こうと努力する、と気づき、再び描き始め、自分の絵ができ涙が出たそうです。

出典　扇谷正造編『私をささえた一言』（青春出版社）

われ事において後悔せず。

宮本武蔵（1584～1645）日本・武芸者

宮本武蔵は、吉川英治の小説が発表され、求道者としての武蔵が多くの日本人の共感を呼び、劇や映画にもなって日本人のヒーロー的人物になりました。

若い頃から諸国を遍歴し、剣術の修行をして二刀流の祖となりました。吉岡清十郎、佐々木小次郎を倒し、天下一の剣豪と言われました。

その鍛錬のすさまじさは、「千日の稽古を鍛とし、万日の稽古を練とす」と言っています。

体力作りでは玉蜀黍《とうもろこし》が育つにつれ背丈を越す後までとびこす訓練をくり返したそうです。「鍛錬千日、勝負一瞬」の心構えで事に当たったから後悔せずだったのでしょう。

出典　宮本武蔵『五輪書』（岩波文庫）ほか

その道に入らんと思う心こそ我身ながらの師匠なりけり。

千利休（1552〜1591）日本・安土桃山時代の茶人

これは『利休百首』の最初に出てくる歌です。

『利休百首』とは千利休が和歌の形を借りて、茶道の精神、心得などを初心の人にもわかりやすく、記憶しやすいよう三十一文字にして百首集めたものです。

織田信長、豊臣秀吉に仕え、わび茶の完成者として、利休の茶の心は現代にも生き続けています。

この歌は茶道を学ぶ者の心構えを教えています。

何事でも、その道を学ぼうとするには、まず志《こころざし》を立てねばなりません。自発的に習ってみようという気持ちがあれば、それは自分の心に立派な先生ができているのです。

学問も同じです。

十遍《ぺん》読まんより一遍写《うつ》せ。

日本・ことわざ

江戸末期に蘭《らん》学者の緒方洪庵《こうあん》は大阪に適塾という蘭学塾を開きました。大村益次郎、橋本左内、大鳥圭介、福沢諭吉などが勉強しました。

塾生は二百人位いたようですが、そこには蘭和辞典が一冊しかありません。ドクトル・ズーフの著した辞典です。その辞典の置いてある部屋をズーフ部屋といいました。蘭学を学ぶのに辞典一冊ではどうしようもありません。

そこで塾生たちは一日二十四時間を割りふってくじを引いて辞典を写しました。

真夜中にくじに当たる人もいたから、ズーフ部屋は夜中も灯が消えなかったそうです。

読むより写す方がよく憶えます。

古人の跡を求めず、古人の求めたるところを求めよ。

松尾芭蕉（1644〜1694）日本・俳人

松尾芭蕉は江戸時代の俳諧を、初めて真の芸術に完成させた俳人です。

紀行文『奥の細道』はとくに有名で、平成八年末にその直筆本が発見されて話題を呼びました。

その最期《さいご》も西国への旅の途上、「旅に病んで夢は枯野をかけめぐる」を辞世の句に大阪で没しました。

芭蕉は古人の詩心と伝統を摂取する一方、たえず新しさを求めました。

それが上の言葉になったわけで、古人の歩いた跡を辿るのではなく、古人の探求した真理を求めよ、という意味です。

ドイツの哲学者カントも、「汝ら我から哲学を学ばないで哲学することを学べ」と言っています。

若いときの誤りはすべて学問となる。

徳川宗春（1696〜1764）日本・尾張7代藩主

徳川時代の前期、高度経済成長が続き、華やかな元禄時代を迎えましたが、その後の経済失速により低成長時代に入りました。そして将軍吉宗による倹約と規制強化の享保の改革が始まりました。

その改革に真っ向から反対して自由化、規制緩和を唱えたのがご三家筆頭名古屋城主宗春でした。

その結果、名古屋は大発展を遂げたのです。宗春が仁を大事にする自らの考えを本にまとめ、全藩士に配ったのが『温知政要』です。

二十一条の中の十六条にこの言葉があります。ここでは、若者が誤りを犯《おか》すのは当たり前で、改めればすべて学問になると説いています。

出典　徳川宗春『温知政要』（海越出版社）

見ることは知ることだ。

ファーブル（1823〜1919）フランス・昆虫学者

ファーブルは南フランスに生まれ、小・中学校の教師として四十年間各地を転々としました。

小さい頃から自然を愛し、虫や貝の観察が大好きでした。

五十六歳の時、観察研究の成果『昆虫記』第一巻を刊行しました。その後三十年間に遂次刊行された全三十巻は世界各国に翻訳され、それまでなかった独特の研究法と美しい文体、愛情溢れる観察眼により『昆虫記』は科学の古典となっています。

「一分間さえ休む暇のない時ほど私にとって幸せなことはない」

眼ざめている時は、すべての時間が昆虫に捧げられており、それは彼にとって至福の時だったのです。

最後までやりとげる精神をもて。

金原明善《きんぱらめいぜん》（1832〜1923）日本・実業家

ドイツの哲学者ニーチェの書いた『ツアラトウストラはかく語りき』という本に、ラクダとライオンの話が出てきます。

「人間の精神はその一生を通して三つの変化をする」というのです。

精神は最初ラクダの形で現れます。ラクダは重い荷物を背負って砂漠を歩き続けます。ラクダの精神は「忍耐」です。たくさんの知識を身につけねばなりません。ラクダは旅の途中で突如ライオンに変身します。ライオンの精神は「勇気」です。知識への挑戦です。

最後は小児、精神は遊び。遊びは「創造」です。忍耐、勇気、創造の人生。学生はラクダの時代です。

私はまだ学んでいる。

坂本龍馬（1835〜1867）日本・幕末の志士

坂本龍馬は幕末の土佐藩を脱藩し、日本を統一して外国に備えるために薩長連合など倒幕に奔走した人です。

この龍馬が同志の檜垣清治に会った時、その長刀を見て「無用の長物、いざという時役に立つまい」と短い自分の刀を見せました。檜垣は龍馬の意見に従ったそうです。

再び出会うと龍馬はいきなりピストルを出して「これが西洋の武器だ。よく見ておけ」と言い、三度目に会ったら「俺は今〝万国公法〟を読んでいる」と言ったそうです。

つまり、日本の統一には法律が必要だと考えたのでしょう。

変化の激しい時代に龍馬は常に学んでいたのです。

今日の文明に達したる源は疑いの一点よりいでざるものなし。

福沢諭吉（1835〜1901）日本・教育家

文明の進歩は、天地の間にある有形の物にても無形の人事にても、その働きの趣をせんさくして真実を発明するにあり。西洋諸国の人民が今日の文明に達したるその源を尋ねれば、疑いの一点よりいでざるものなし。ガリレオが天文の旧説を疑って地動を説明し、ワットが鉄びんの湯気をもてあそんで蒸気の働きに疑いを生じたるがごとく、いずれもみな疑いの路によって真理の奥に達したるものというべし。フランスの人民は貴族の跋扈《ばっこ》に疑いを起こして騒乱の端を開き、アメリカの州民は英国の成法に疑いを容れて独立の功を成したり。

出典　福沢諭吉／近代思想研究会編『福沢諭吉のことば』（新文学書房）

くり返すことは最良の勉強法である。

ザメンホフ（1859〜1917）ポーランド・言語学者

私は中学時代、自分で「勉強法5ヶ条」を作って実行していました。①決まった時間に決まった場所で決まった科目を勉強する②よい学習環境を作る③勉強のあと大事な所は暗誦する④課題をもって勉強する⑤くり返し勉強する。

試験は皆さんたち生徒だけのものではなく、大人になってもありますす。多くの仕事に免許が必要で試験があります。一生懸命勉強したのに失敗したら「失敗研究」が必要で、二つの見方があります。一つは「その問題がわからないのか」二つは「理解に穴があったのか」そして受験の心得は、①最後までねばること、②「易から難へ」ということ。試験は自分を試すよいチャンスなのです。

我以外皆我師。

吉川英治（1892〜1962）日本・作家

国民文学といわれる『宮本武蔵』『新書太閤記』などで著名な作家吉川英治は、「我以外皆我師」という言葉をモットーとし、色紙にもよく書きました。

「僕は少年期から青年期にかけて、思わぬ家庭の変わり方にぶつかったため、幸か不幸か、とにかく、幾多の職業と、世の辻々のうらぶれを早くから知った。

正当な学歴を順当に通ったよりは、この方が人生見学にも、習得にも、確かに僕を益してくれたし、一個の人生として、多彩多感で面白かったと思っている」

体験からにじみでた人生訓は、多くの読者の共感を生みました。

出典　吉川英治『かんかん虫は唄う』（講談社）ほか

第7章

希望

志《こころざし》あれば、事ついに成る。

光武帝（前6～57）中国・後漢朝始祖

アメリカのヴェルナー・フォン・ブラウン博士はドイツ人で、小さいころ、天文好きのお母さんにいつも望遠鏡を見せてもらい、天空に輝く星の不思議さに感動しました。

そして大きくなったらロケットに乗ってあの星を訪ねたいという志を立てました。

第二次大戦中、博士の作ったV2号ロケットはナチスドイツによって星ではなくロンドンに打ちこまれました。抗議した博士は牢獄に入れられたそうです。

戦後アメリカに渡った博士は、巨大なロケットを作って人間を月に送りこみました。少年の日の志は実現したのです。

坂本龍馬も、「世に生を得るは事をなすにあり」と言っています。

どんなに嵐が吹いていても、雲の上には太陽が輝いていることを忘れるな。

西洋・ことわざ

静岡県立大学・石川准《じゅん》教授の「全盲乗り越え東大、留学」という新聞記事を紹介します。

石川さんの左目は生まれた時から見えず、僅かに見えた右目も網膜はく離で高校一年生の冬に光を失い、輝くはずの青春時代は闇となりましたが絶望しませんでした。

「僕は生きていくんだから対処するしかない。そう決心すれば楽しみも希望も生まれる」と。しかし見えないことは厳しく、退院後入った盲学校では「自分は何も出来ない」と言う石川さんを救ったのは盲学校の仲間たちでした。遊びも勉強も楽しくなり、東大卒業、アメリカ留学も実現したのです。

出典『読売新聞』日曜版「不屈のひみつ」欄（平成十九年七月二十二日付）

今が最悪だと言える時は、まだ最悪ではない。

シェイクスピア（1564〜1616）イギリス・劇作家

『ヴェニスの商人』『ハムレット』などの名作で著名なシェイクスピアの戯曲は、黄金の言葉の宝庫だといわれています。

この言葉は『リア王』四幕一場にでてくるもので、言ったのはエドガーです。

エドガーは弟のエドマンドが父に告げ口したため、父に殺されそうになり逃げ出します。その父はリア王をかばったところから、王の不孝者の娘を怒らせ、彼女から両眼をえぐりとられたうえ、殺されるところをかろうじて逃げました。その父に乞食姿に身をやつしたエドガーは荒野で出会うのです。事態は最悪です。

ここでこの言葉が発せられるのです。

冬来たりなば、春遠からじ。

シェリー（1792〜1822）イギリス・詩人

私は十八歳の時、昭和二十年五月に最後の徴兵検査（兵隊になる検査）を受けました。したがって食糧事情最悪の少年時代を送ることになりました。私たちは学徒動員で飛行機を作る工場で働き、いつも腹ペコでした。主食はさつまいもやじゃがいも、とうもろこし、すいとんなど。夕方、仕事が終わるとたんぼに走ってへびやかえる、いなごなどを捕まえて焼いて食べました。またさといもの茎やいものつる、のびるなど手当たり次第に食べました。かえる料理名人の竹ちゃんは特攻機で鹿児島を飛び立ち、いなご捕り達人の和ちゃんはサイパンで玉砕。それでも私たちは「欲しがりません、勝つまでは」と精一杯生きていたのです。

私は進歩を信ずる。

ハイネ（1797〜1856）ドイツ・詩人

ハイネは多才な詩人で、愛と情熱の叙情詩人、人類解放の革命戦士、辛辣《しんらつ》な政治・社会批評家などとして健筆をふるいました。パリ滞在中はマルクスと親交を結び、ドイツ・フランス両国文化の橋渡しに努め祖国解放に尽くしました。

「私は進歩を信ずる。人類が完全な幸福に至るべき運命にある事を信ずる。最後の審判の日になって初めて天上に現われる、と信心家どものいうあの極楽の状態を、自由な政治と産業の設備のめぐみによって、この地上に打ちたてたいと思うのである」

百五十年後の今の世界に、ハイネは極楽を見るでしょうか。

出典　ハイネ『ハイネ選集9　ドイツ宗教・哲学史考』（解放社）

青春は人生にたった一度しか来ない。

ロングフェロー（1807〜1882）アメリカ・詩人

一月の第二月曜日は成人式ですが、昔の成人式は元服といって十三歳から十五歳までが多かったそうです。

歴史からみると、聖武天皇は満十五歳で成人式を行ったと『続日本紀』に出ています。前髪を落としかんむりをかぶる儀式です。

徳川家康の十番めの子どもである徳川頼宣は大坂冬の陣の時十五歳で初陣《うい》でした。家臣の本多正純が「戦死してはいけない」と出陣に反対したのですが、頼宣は「余にとって十五歳はただの一回しかない」と言って戦いの真っ只中に入って行きました。

石川啄木は十四歳の時陸軍大将になりたいと日記に書いています。「希望は人を成功に導く」です。

少年よ、大志をいだけ。
— Boys, be ambitious! —

❖

クラーク(1826〜1886)アメリカ・教育者

明治九年(一八七六)、札幌農学校初代教頭として来日。八ヶ月の在任でしたが、農産業の指導とともにキリスト教精神に貫かれた人間尊重の教育を行い、青少年だけでなく、明治の教育界に大きな影響を与えました。

その頃の学生は若い力に溢れ、時に酒を飲んで暴れることが多かったといいます。

クラークも酒好きで一年分の酒を持参していましたが、その酒を全部教室に運ばせ、「私も好きな酒をやめる。君たちもやめよ」と言って金槌で全部割ったそうです。

学生たちは感動して禁酒を誓ったといいます。

上は学生との別れの言葉です。

喜びの声を発すれば喜びの人となり、悲しみの声を発すれば悲しみの人となる。努めて歓喜の声を発して歓喜の人生を送ろう。

❖

内村鑑三(1861〜1930)日本・思想家

「プラスとマイナスの話」です。プラス・マイナスというと数学のようですがそうではなく、プラスの人生・マイナスの人生ということです。

例えば、いつも不平不満ばかり言う人はマイナスの人。どんないやなことも進んでやる人はプラスの人、失敗していつまでもくよくよする人はマイナスの人。失敗は成功のもと、つまずいた石も踏み台になるという人はプラスの人。

ものには必ず光と影があります。光を見る人は明るい人、影ばかり見る人は暗い人生を送ることになります。

「努力する人は希望を語り、怠ける人は不満を語る」です。

「将来に希望をもて」です。

心に太陽をもて、くちびるに歌をもて。

フライシュレン（1864〜1920）ドイツ・作家

私たちは毎日暮らしの中で少しばかりの楽しみと多くの苦しみに向かいあって生きています。フランスの詩人ヴォルテールは「神はこの世におけるさまざまな心配事のつぐないとして我々に希望と睡眠を与え給えた」と言っています。人はみなこれから幸せになりたいという希望をもっています。標題の言葉は希望をもって生きよと言っているのです。吉野源三郎は『君たちはどう生きるか』（新潮社）の中で「鳥もけものもただ生きてゆくだけ、人間だけがどう生きるかを考えるのです」と言っています。

それを確かめるために心の旅へ出かけましょう。若者には未来があるというだけで幸せなのですから。

世の改革者は常に青年である。

正岡子規（1867〜1902）日本・俳人、歌人

正岡子規は愛媛県松山生まれ。東京下谷に住み、俳誌「ホトトギス」を中心に俳句革新をめざし、『歌よみに与うる書』で和歌の革新運動を起こし、古今調の技巧をやめ万葉調の精神を賞揚しました。また『墨汁一滴』『病牀六尺』等のすぐれた随筆も残しています。

「明治維新の改革を成就したものは、二十歳前後の田舎の青年であって、幕府の老人ではなかった。何事によらず、革命または改良ということは、必ず新たに世の中に出てきた青年の力であって、従来世の中に立っておったところの老人が説をひるがえしたために革命または改良が行われたという事は、ほとんどその例がない」

出典　正岡子規『現代日本文学全集6　病牀六尺』（筑摩書房）

希望は人を成功に導く信仰である。希望がなければ何事も成就するものではない。

ヘレン・ケラー（1880〜1968）アメリカ・教育家

昭和五十七年十月十四日、八十四歳で亡くなった天野芳太郎さんは、三十歳でパナマに渡り百貨店を経営しました。そしてアメリカ、コスタリカ、ペルー、チリ、エクアドルなどの国々で一国一事業の経営に成功、巨万の富を築きました。

ところが第二次大戦で日本に強制送還され財産没収、戦後日本脱出に成功してペルーに戻りました。この老青年の夢は金もうけではなく、アンデスの古代文明発掘にあったのです。

若い頃読んだシュリーマンの『古代への情熱』に感動したからです。アンデス山中野営で集めた膨大な数のコレクションは今、天野博物館となっています。

朝の来ない夜はない。

吉川英治（1892〜1962）日本・作家

『宮本武蔵』『新平家物語』で有名な作家吉川英治は、幼い頃家が貧しく、小学校を出るとすぐ働きに出ました。ハンコ屋の小僧、植字工、税務署の給仕、行商人などなんでもやったそうです。十八歳で横浜ドックの船具工となり、十九歳の時大きな船のペンキ塗りかえ中、足場もろともドックの底に墜落、仮死状態で入院、一ヶ月病院のベッドに寝ている間に志を立てて退院、東京へ出ました。東京毎夕新聞の記者となり、大正十二年三十二歳で関東大震災にあいました。

吉川英治はドックの転落と大震災を「朝の来ない夜はない」と乗り越え、次々と名作を書きました。

出典　吉川英治『忘れ残りの記』（文藝春秋新社）

過去の苦しみが後になって楽しく思い出せるように、人の心には仕掛けがしてあるようです。

星野富弘（1946～　）日本・元中学教師、画家

星野さんは、昭和四十五年春、群馬大学を卒業して高崎市立倉賀野中学校に体育教師として赴任しました。その二ヶ月後、体操部顧問として部活動指導中、前方宙返りの模範演技をしていて頭から床に落ち首の骨を折りました。手足はマヒし頭を動かせるだけの体になりました。

絶望ののち、絵筆を口にくわえて水彩で花を描き詩をつけました。その「詩画展」は大きな反響を呼びました。

「私の首のように、茎が簡単に折れてしまった。しかし菜の花はそこから芽を出し、花を咲かせた。私もこの花と同じ水を飲み、同じ光を受けている。強い茎になろう」

出典　星野富弘『風の旅』（立風書房）

第8章

努力実行

努力

人事をつくして天命を待つ。

中国・ことわざ

『天平の甍《いらか》』『蒼き狼』などの小説で有名な作家井上靖は、中学・高校と柔道をやったそうです。

ある試合で勝ったとき、先輩が言ったそうです。

「お前が強いから勝った。強いから勝つ。弱いから負ける。そんなあたりまえの柔道はするな。練習量がすべてを決定する柔道をやろうじゃないか」

つまり、練習の多いほうが勝つ。しっかり練習せよ、というのです。

「七転び、八起き」という日本のことわざもあります。また、古人は「努力する人は希望を語り、怠ける人は不満を語る」と言っています。「備えあれば憂《うれ》いなし」です。

出典　井上靖『わが一期一会』（毎日新聞社）

風林火山。

武田信玄(1521～1573)日本・戦国時代の武将

武田信玄が戦陣で立てた「風林火山」の旗は、四百五十年後の今日でも有名です。

信玄は孫子の兵法からこのことを学び、戦いに出陣する時はこの四文字を染めぬいた旗を立てました。

「疾《はや》きこと風の如く、静かなること林の如く、侵掠《しんりゃく》すること火の如く、動かざること山の如し」ということです。

当時はこの旗が立っただけで相手は戦意を失ったそうです。それほど「風林火山」の旗を立てた武田軍団は強力だったのです。

この言葉は勉強や生活にもあてはまると思います。

今は風でいこう、これは火でいこう、と。

人は鍛錬によって人となる。千日の稽古を鍛とし、万日の稽古を練とす。

宮本武蔵(1584～1645)日本・武芸者

ある時、宮本武蔵は若い武士から「剣の修行で最も大切なことは何ですか」と尋ねられた際、即座に「円明《えんみょう》」と答えて畳のへりを指さし、「そのへりを渡ってみよ」と言いました。

武士が渡ると、「一間(約二メートル)の高さでも渡れるか」と聞くと「そんなに高くなったら渡れません」と答えます。

そこで武蔵は「剣の修行についても同じだ。へりの幅を三尺にすれば渡れるが山の高さだと尻ごみするだろう。つまり修行不足で円明(絶対の信念)に欠けるからだ。この信念に向かって全力で鍛練すること、いいかえると畳のへりをよく踏み覚えることが大切」と。

出典　宮本武蔵『五輪書』(岩波文庫)

努力はすべての扉を開く。

ラ・フォンテーヌ(1621〜1695)フランス・詩人

ラ・フォンテーヌは早くから自然や古典に親しみ、社会と人間性への鋭い観察と華麗な詩的表現で寓話のジャンルを確立しました。

代表作『寓話集』にある「すべての道はローマに通ず」は有名な言葉です。

ローマが世界の中心であった時代、支配地の末端にまで軍用道路がのびていました。

ローマへの道は一つではなく、意外な可能性がひそんでおり、人間の努力によって道は開かれると言っているのです。

「天才? そんな者は決していない。ただ勉強です。方法です。不断に努力しているということです」と彫刻家・ロダンも言っています。

昨日の失敗は明日とり返せ。

杉田玄白(1733〜1817) 日本・蘭学者

日本の近代医学の先駆者杉田玄白は、前野良沢らとともに江戸・千住小塚原の処刑場で死刑囚の腑分《ふわ》け(今の解剖)に立ちあいました。

人体の構造を初めて見た玄白らは、オランダの医学書『ターヘル・アナトミア』の精確さに驚嘆しました。

そこでオランダ医学を翻訳することが日本の医学を進歩させる第一の道だと考えたのです。

しかし翻訳の作業は困難を極め、後に玄白が書いた『蘭学事始《らんがくことはじめ》』にその時の苦労が綴られています。

例えば「目の上に生えた毛」というのを「眉」と訳すのに思わぬ時間がかかったといいます。

上の言葉はその努力が生んだ名言です。

今日なしうることを明日にのばすな。

フランクリン（1706〜1790）アメリカ・政治家

私はある年の夏休みにイタリア旅行に出かけ、エーゲ海クルーズに参加しました。そこには多くの島が点在し、興味深い問題に出会いました。ある島の人達は、

「明日でも出来ることは今日することはない」

という考え方、つまりあくせくすることはない、というのです。

ところが、別の島では、

「今日出来ることは明日にのばすな」

というのです。

さあ、皆さんはどちらを選びますか。

勉強や約束事を明日にのばすのはいけません。これをやるとまずい、というのはとっさに明日にのばす、その判断が大切でしょう。

人間は努力しているあいだは、迷うにきまったものだ。

ゲーテ（1749〜1832）ドイツ・作家

この言葉は、ゲーテの名作『ファウスト』の中にあります。

迷うとはどういうことでしょうか。

それは疑問をもつということだと思います。

社会の問題も学校の問題も「なぜ？」と問うことで探究の精神が生まれるのです。

「生きる力」とは迷いに耐えぬく力と言ってもいいでしょう。

『ファウスト』第二部の最後には、「努めてやまないものは救われる」という言葉があります。

「迷い」と「救い」の間に人生があると言ってよいでしょう。

迷うことは成長することです。成長がとまったら、疑問も迷いも苦しみもなくなるでしょう。

天才とは1パーセントの霊感と99パーセントの汗である。

エジソン（1847〜1931）アメリカ・発明家

エジソンは二プラス二が四であるという先生の説明にどうしても納得できず、知的障害扱いされて三ヶ月で退学、以後、母親の手で教育されました。

また読書で知識を得、科学に興味を持ったそうです。

自宅に実験室を作るため十二歳で列車の新聞売り子になり、車中新聞も発行、車中で化学実験を行い、のち電信技師となりました。

二十三歳で発明家として独立。十日に一つの発明をめざし、蓄音機、白熱電灯、拡声器など多くを発明、千三百以上の特許をとりました。彼の発明は天から降ったのではなく、不眠不休の実験から実現しました。汗とは努力のこと。

「努力にまさる天才なし」

たいせつなことは勝つことではなく、いかに努力したかである。

クーベルタン（1863〜1937）フランス・教育家

近代オリンピックの創始者クーベルタンは、世界中の青年の友好心を高め世界平和の理想を達成させようと、古代オリンピックの復活を思い立ったのでした。

そのきっかけは、学生生活中（フランス、イギリス、アメリカで勉学）にスポーツの重要さを知り、おりからドイツ学術隊のオリンピア遺跡発掘で古代オリンピックの全容を知ったからです。

クーベルタンの提案は一八九四年六月二十三日のパリのソルボンヌ大学で開かれた国際スポーツ会議で可決され、アテネで第一回大会が開催されました。

開会式・閉会式・選手宣誓・五輪マークは彼の考案です。彼はノーベル平和賞を固辞しました。

なんでも三回。

本多光太郎（1870～1954）日本・物理学者

鋼《はがね》の世界的権威者、本多光太郎博士は愛知県の農家の三男坊、小さい時あまりパッとせず、鼻たらしの光ちゃんと言われました。

小学校の先生にも、

「お前はわかりが遅いから、人が一回やることを三回やれ」と言われました。

大学生のお兄さんに『カルタゴ興亡史』という歴史の本を借りた時、お兄さんは二、三日で返しにくると思っていたところ、光太郎は三週間後に持ってきたので、

「どうだ、わかったか」と聞いたら、

「三回読んだらやっとわかった」と答えたそうです。

このようにわかりの遅い光太郎少年は、「なんでも三回」精神でさびない鋼を発明したのです。

たゆまざる歩み恐ろしかたつむり。

北村西望（1884～1987）日本・彫刻家

長崎の平和記念像を作った彫刻家北村西望は、昭和六十二年三月四日、百二歳で亡《な》くなる日まで現役で創作に励んだという元気さでした。

半生は苦労の連続、日展でライバルたちは次々と受賞、自分は八年間も賞をとれず、彫刻をやめようと思ったそうです。

「私は天才ではない。だからいい仕事をするために長生きするんです」と語っています。

平和記念像を作っていたある夜、足もとにいたかたつむりが翌朝見ると十メートルもある像のてっぺんに上がっていました。

それを見た彫刻家は感動し、自分の半生を思い、作ったのがこの俳句です。

実行

多くの艱難をなめたる人は、知ることもまた多し。

ホメロス（前8世紀頃）古代ギリシア・叙事詩人

ホメロスは、ギリシア文学の出発点となった二大叙事詩『イリアス』『オデュッセイア』の作者と伝えられるヨーロッパ最古最大の叙事詩人です。

ただ、両詩篇が同一人物の作かどうかは疑問視されています。『イリアス』は前八世紀後半頃、『オデュッセイア』は前七世紀前半頃と言われています。

とにかく作者は天才的な詩人で、『イリアス』は十年間のトロイ戦争の終末約五十日間を描き、『オデュッセイア』はトロイ陥落後の英雄オデュッセウスの帰国と復讐を描いています。

のちシュリーマンが、この物語からトロイヤの遺跡を発掘したのは有名です。

自らを省みて縮《なお》からずんば、千万人といえども我行かん。

孟子（前372〜前289）中国・儒者

孟子は中国の鄒《すう》（山東省）に生まれ、孔子の孫子思《しし》の門人に学び、中国各地をまわって道を説きました。仁義道徳を尊び人間性の尊重を主張したので、斉《せい》の宣王や梁《りょう》の恵王たちに世情にうといとして退けられ、帰郷して『孟子』を著しました。

人間の本性は善で、人はみな聖人になり得ると説いた「性善説」は有名です。

この言葉は、自ら正しいと信ずれば敵がいようとも断じて信念を貫くという孟子の心意気を表わしています。断じて行えば鬼神もこれを避くといいます。

「天や人に恥じるような後ろ暗いことがないこと」が楽しみだと言っています。

先んずれば人を制す。

司馬遷（前145?〜前80?）中国・前漢の歴史家

陳勝・呉広の反乱が呉の会稽郡郡守の殷通《いんとう》のもとに知らされたのは、前二〇九年の七月、殷通も兵をあげるつもりで呉中の兵法家項《こう》梁《りょう》に相談しました。「もはや秦《しん》は滅びる運命にある。先んずれば人を制し、先んじられれば人に制される。私はあなたと桓楚《かんそ》に挙兵の指揮を任せたい」と言います。

項梁は「桓楚は目下逃亡中で不明です。私の甥の項羽が知っていますから呼びましょう」殷通は承知して項羽を呼びました。項梁が「先んずれば人を制す」と言いますと、項羽の剣がひらめいて殷通の首が飛びました。

こうして項羽と劉邦《りゅうほう》の天下分け目の戦いが始まったのです。

出典　司馬遷『史記』（弘文堂）ほか

断じて行えば鬼神もこれを避く。

司馬遷（前145?〜前80?）中国・前漢の歴史家

昭和六十二年六月十三日、当時の広島カープの衣笠選手が対中日戦でアメリカ大リーグのルー・ゲーリックの持つ世界記録、二千百三十試合出場をぬりかえ世界のトップに立ちました。

十八年間、一日も休むことなく試合に出たのですから、大変なことです。

衣笠選手は死球を受けた時、相手投手に大丈夫、というしぐさを見せ、転倒してもすぐ起きあがり、痛い、とは絶対に言いませんでした。

「左肩甲骨亀裂」の怪我の翌日も出場しました。

しなやかな体、努力、忍耐、ルールとマナー、チームワーク、すべてが大記録を生んだのです。

精神一到《いっとう》何事か成らざらん。

朱子（1130〜1200）中国・儒者

この言葉はわが国の人々に大きな力を与えてくれたものです。

『菜根譚』（中国古書）にも、同じような、人生への強い姿勢を表わした言葉があります。

〝天かつわれをいかんせん〟

「天が私を冷遇するなら、私は自分の人格を磨くことで幸福をかちとろう。

天が私の肉体に苦痛を与えようとするなら、私は心の平安で免《まぬが》れてみせよう。天が私に様々な障害を与えて人生の妨《さまた》げをするなら、私は真理の力によって通り抜けてみせよう。

天といえども、こんな私をどうすることもできないであろう。」（意訳）

強い意志で人生を歩きましょう。

流れる水は清く、たまった水はくさい。

ドイツ・ことわざ

水は人間にとって生命の源です。フランスのことわざにも、「閑な人間は溜《たま》り水のように終《しま》いに腐る」というのがあります。

中国の『老子』にも「上善《じょうぜん》は水の如し。水善く万物を利して争わず。衆人の悪《にく》む所に拠《お》る。故に道に幾《ちか》し」という言葉があります。

「最上の善は水のようなものである。水は円《まる》い器に入れれば円くなり、四角な器に入れれば四角になるといったように、決して万物と争わない。

しかも衆人がいやがる低い位置に身を置く。だから、水こそ道に近い存在と言える」ということです。

「精《せい》出せば氷る間もなし水車」、「座して食《くら》えば山をも崩す」です。

逆境は最良の教師である。

日本・ことわざ

筆者が勤めた中学校では、毎年夏休みに部活動の合同合宿を行っています。三泊四日の猛訓練です。

卒業式も終わった三月末、生徒が十人ほど校長室を訪れ、合宿所を訪ねて一泊したと報告しました。

彼らは言います。

「毎年、苦しい練習をがんばり、自分で洗濯もし、きゅうくつに寝起きした合宿所がなつかしかったのです。

卒業してちりぢりになる前に、もう一度、思い出の場所を訪ね、互いの友情を確かめあうために行きました。

おもしろおかしく過ごした場所なら行きません。苦しい練習をして多くのことを学んだ場所だから行ったんです」

知って行わざるは、知らざるに同じ。

貝原益軒（1630〜1714）日本・儒者

貝原益軒は江戸時代の儒学者で福岡藩士の子です。

初め薬学を学び陽明学を研究、有用な動植物を分類研究して『大和本草』を著わし、子女教育には『和俗童子訓』があります。

父、兄から医学も学び、『養生訓』では健康管理を説き、体の弱かった自分自身も実行して八十四歳の天寿を全うしました。

この言葉は益軒の知行合一、即ち知っていることと行いとは一致せよという思想を表現しています。

これをいじめで考えると、いじめを知っていても解決の努力をしなければいじめを見て見ぬふりをする、即ち知らないのと同じ。

行動が伴わなければただの理屈です。

君ができるすべての善を行え。

ウェズリー（1703〜1791）イギリス・神学者

一九三〇年、弟と宗教団体メソジストを組織したウェズリーは、野外説教を行い、産業革命に苦しむ人民大衆に大きな激励を送ったといいます。
この言葉は『行動の規準』にあり、彼の思想をよく表わした名文です。
「君ができるすべての善を行え、
君ができるすべての手段で、
君ができるすべての方法で、
君ができるすべての場所で、
君ができるすべての時に、
君ができるすべての人に、
君ができる限り」
能力を精一杯発揮した時「生きていて良かった」と思えるのです。

出典　谷沢永一編著『名言の智恵人生の智恵』（ＰＨＰ研究所）

為《な》せば成る、為さねば成らぬ何事も、成らぬは人の為さぬなりけり。

上杉鷹山《ようざん》(1751〜1822)日本・米沢藩主

江戸時代後期の米沢藩主。名は治憲《はるのり》といい、鷹山は号です。

秋月氏出身で上杉重定の養子となり、幼時から細井平州から儒教的教養を学びました。

明和四年(一七六七)家督をつぎ、細井平洲・莅戸善政《のぞきど》らの補佐で藩政改革を実施しました。

宝暦の大飢饉で荒れていた米沢を自ら歩いてまわり、新田開発などで農村の復興をはかり、備荒倉を設け、産業を興し、国産会所を設け、質素倹約などを徹底指導してみごとに藩の復興に成功したのです。

寛政期の藩政改革の鏡とされました。

武術とともに学問を奨励し、藩校興譲館を設立しました。

大事をなさんと欲せば、小さなる事をおこたらず勤むべし。

二宮尊徳(1787〜1856)日本・農政家

二宮尊徳は通称金次郎、没落した一家を勤勉努力により再興、各地の荒村復興を手がけ、「報徳社運動」は全国に広がりました。

「大事をなさんと欲せば小さなる事をおこたらず勤むべし。小積もりて大となればなり。およそ小人の常、小なる事をおこたり、出来がたき事を憂いて出来易き事を勤めず、それ故ついに大なる事をなすこと能《あた》わず。

千里の道も一歩ずつ歩みて至る。山を成すも一簣《き》の土より成る事を明らかにわきまえて、励精、小さなる事を勤めば大なる事必ず成るべし。小さなる事をゆるがせにする者、大なる事は必ず出来ぬものなり」

出典　二宮尊徳/福住正兄筆記『二宮翁夜話』(岩波文庫)

時計のように休みなく進め。

ダーウィン(1809〜1882)イギリス・医学者

人間には四つのタイプがあると言われています。

一つ、「不言実行型」理屈を言わずに黙々と実行する人。

二つ、「有言実行型」よく言うが、行動を伴いよく活動する人。

三つ、「有言不実行型」口先ばかり達者で自分はやらない人。

四つ、「不言不実行型」言いもしないが、やりもしない、無関心・無気力な人。

どのタイプの人が信頼され、また嫌われるだろうか。

世の中へ出て役に立つ人はどのタイプだろうか。

君はどのタイプだと思いますか。

毎朝鏡の中の自分に問いかけてみましょう。

自分の眼を見て。

後退は一歩でも呪いあれ。

ヘディン(1865〜1952)スウェーデン・地理学者

ヘディンは生涯を内陸アジアの学術探検に捧げ、『アジア縦断記』『中央アジアとチベット』『トランスヒマラヤ』などの報告書で学界に寄与、第二回探検で楼蘭《ろうらん》を発掘したのは有名です。

「未知の魅力は、砂漠の王城に入り、古代世界の伝説や物語にある埋れた宝を発見する、という抵抗しえざる魅惑を私に投げかけた。

私の信条は『勝つか負けるか』であった。私はためらわず、恐れを知らなかった。『進め、進め』と砂漠の風がささやく。『進め、進め』とラクダの鈴が響く。目的地に達するには千度も千歩を行く。しかし後退は一歩でも呪いあれ」

出典　桑原武夫編『一日一言』(岩波新書)

第9章

幸福

禍《わざわい》を転じて福となす。

司馬遷(前145?〜前80?)中国・前漢の歴史家

司馬遷は父の遺志をついで『史記』に着手しました。

七年めに李陵《りりょう》の事件で屈辱の刑(生殖器除去の宮刑)を受けました。五千の兵で匈奴《きょうど》と戦った将軍李陵が、善戦ののち敵に降り、司馬遷が李陵の弁護をしたため武帝の怒りを買ったのです。

誇り高い司馬遷のくやしさ、無念さは、一時絶望の淵に沈みました。

士人として死んで屈辱を逃れる道もありましたが、父から引き継いだ中国の歴史をまとめるという大仕事が死を思いとまらせ、「若しこの書が完成し天下に広まれば、この屈辱は償《つぐな》われる」と、遂に『史記』百三十巻を完成。

禍を転じて福となしたのです。

心の貧しい人たちは、幸《さいわ》いである、天国は彼らのものである。

イエス・キリスト(前4?〜後29?)ユダヤ・キリスト教始祖

キリスト教は神による創造と救済を根本とした宗教で、神に対する人間の関係を説くものです。

『山上《さんじょう》の垂訓《すいくん》』はキリストが丘の上で行った、地の塩、世の光となり真の幸《さち》を求めよとした説教です。

「心の貧しい人たちは幸いである、天国は彼らのものである。悲しんでいる人たちは幸いである、彼らは慰められるであろう。義に飢えかわいている人たちは幸いである、彼らは飽き足りるようになるであろう。

平和をつくり出す人たちは幸いである、彼らは神の子と呼ばれるであろう。義のために迫害されている人たちは幸いである、天国は彼らのものである」

出典　キリスト『山上の垂訓』

涙に仰げば月も泣き、笑うて見れば花もほほえむ。

日本・道歌

人は人に親切にすることで幸福を感じ、人から親切にされても幸福を感じるものです。

また、自分は不幸だと思えば不幸になるのです。幸福とは心のもち方一つです。

この歌は、泣く人には明るい月も涙のたねであり、笑う人には花も嬉しく見えるという意味です。

同じ月を見ても、心の暗い人は「月見ればちぢに物こそ悲しけれ、我身一つの秋にはあらねど」と嘆き悲しみます。

しかし心の明るい人は「みせばやな、心のくまも月かげも、すみだ河原の秋のけしきを」と喜ぶのです。

「明日もまたとく起き出てて勤《つと》めばや窓に嬉しき有明の月」（道歌）

目のさめてみれば嬉しや今日もまた、この世の中の人と思えば。

日本・道歌

年末、あるテレビ番組を見た時のことです。アメリカの公園にいろんな人種の人たちがいて、テレビ局の人が次々と質問しました。

「今年一番幸せだったことは何ですか？」と。仕事が順調だったこと、大学に合格したこと、夫婦で旅行できたこと、などの答えが続きました。

答えの中で一番心を打たれたのは「いま、生きていること」という言葉でした。答えたのは黒人男性でした。毎日、死ぬ思いで懸命に生きてきた、そして、いま、こうして生きている、その喜びなのです。重い言葉です。

「今日もまたほうきとる手の嬉しさよ、はかなくなりし人にくらべて」（道歌）

幸福を外に求めることをやめよう。

ホイットマン(1819〜1892)アメリカ・詩人

ホイットマンは、日本でも『草の葉』などの詩集で有名です。

ここでいう幸福とは、言うまでもなく心の充実ということです。物質的に恵まれたという意味ではありません。

現代ではお金があることが幸福の条件の一つとなっています。しかし物質的に恵まれたら幸福かというと、必ずしもそうではありません。

金のためにさらに苦労したり争いが起こります。

「人生はどう生きても苦しいものだ。その苦しみの中で充実する事が幸福なのではないか。苦しみながら苦しみの中で喜びを求むべきではないか」

出典　倉田百三『絶対的生活』(角川文庫)

人間は自分が幸福だということを知らないから不幸なのである。

ドストエフスキー(1821〜1881)ロシア・作家

ドストエフスキーは医師の子としてモスクワで生まれ工兵士官学校卒です。

二十四歳の処女作『貧しき人々』が絶賛され、『罪と罰』『白痴』『悪童』『カラマーゾフの兄弟』などの代表作を次々と発表しました。

彼は外出する時は必ずメモ用具をもち、自分の注意を引いた人物に出会うと、所かまわずその人物を観察して文字で的確にスケッチしたそうです。

顔や仕草の特長や推定される年齢・職業・性格などを素早く捉えるのです。

その人物標本は二つの大箱になったといいます。

上の言葉も、人間観察から生みだされたものでしょう。

太陽を見失って涙する者よ、汝はまた星をも見失わん。

タゴール（1861〜1931）インド・詩人

タゴールはイギリスで法律を学び、帰国して詩作に励み、自然の描写と哲学的思索に溢れた詩・小説・戯曲・評論・哲学論文などをベンガル語で書き、その大半は英訳されました。アジア人最初のノーベル文学賞を受賞、詩聖と讃《たた》えられました。

この言葉は、希望を失ってはいけない、どんなに嵐が吹いていても、雲の上には太陽が輝いていることを忘れてはいけない、そうでないと、太陽だけでなく星までも見えなくなってしまうぞ、と言っています。

「ため息は命をけずる鉋《かんな》かな」（道歌）

「夜もすがら悲しむとも朝には喜び歌わん」（旧約聖書）

幸と不幸との差は、その人が人生を楽しく明るく見るか、敵意を抱いて陰気にみつめるかの差である。

メーテルリンク（1862〜1949）ベルギー・劇作家

メーテルリンクは、代表作『青い鳥』で有名です。貧しい木こりの子チルチルとミチルの兄妹は妖婆に頼まれ、クリスマスの前夜に幸福の青い鳥を求めて過去・未来・夜などの国を遍歴しますが、結局はわが家のハトが青い鳥であることを発見します。

「私は水のように声を立てないで、人間にはわからないように輝いているだけなのだ。

私はね、広い月の光の中にも、毎朝のぼる朝日の中にも、毎晩ともされるランプの中にも、お前達の魂の立派な考えの中にも、どこにでもいるよ」

と青い鳥は兄妹に言います。

つまり幸福は心のもち方ひとつなのです。

いつまでも続く不幸というものはない。

ロラン(1866〜1944)フランス・作家

「人間万事塞翁が馬」これは昔中国の北方であった話から出た言葉です。

要塞警備の爺さんの大事な馬が北の胡の国へ逃げてしまいました。がっかりしていたら、二、三ヶ月たって元気な仔馬をつれて帰ってきたのです。人々がおめでたいと言ったら、塞翁は「いや次にどんな災いがくるかもしれない」と言います。案の定、彼の息子が落馬して脚が不自由になりました。

翌年、胡軍が攻めてきて青年たちはみな兵隊にとられ、激戦で八割方が戦死、しかしその息子は脚が不自由なため兵隊にも行かず生き残ったのです。

つまり人生は、不幸と幸福とが交互にやってくるというお話。

本当の幸福は世のため人のために自分を捨てて働くことにある。

ヘレン・ケラー(1880〜1968)アメリカ・教育家

ヘレン・ケラーは生後一歳半の時高熱のため失明、失聴となり、八歳まで言葉を知らず、野獣のように育ちました。食事の時は手づかみで食べ散らかし、気に入らないと物を投げたりしました。

両親はサリバン女史を家庭教師に迎えました。サリバン先生は想像を絶する忍耐力で、ヘレンの教育に当たりました。

そして、光明を見出したのです。

「ウォー、ウォー」ヘレンは水道の蛇口から出る水を両手にすくって叫んだのです。

ヘレンは世界のすべてのものに名前があることを知ったのです。

ヘレンは大学で学び本を書き、盲唖者に大きな希望を与えました。

映画『奇跡の人』より

われわれの理想は、共同の幸福のために、力をあわせて働くことだ。

ネール（1889〜1964）インド・政治家

ネールはカシミール出身の富裕な家に生まれ、イギリスに留学、弁護士になって一九一二年に帰国しました。

マハトマ・ガンジーの感化で父モチラルとともに国民会議派の独立運動に参加、ガンジーに次ぐ指導者となりました。

一九四七年インド独立とともに首相となり、死去するまでの十七年間首相としてアジアおよび世界平和のために尽くしました。

しかし、新インドの建設は困難で、内外政策に重要問題が山積し、晩年の数年は苦悩の連続でした。

「人類のすべてが幸福にならなければ、個人の幸福はありえない」

これはシュバイツァーの言葉で、いまも人類の理想は未完です。

何事が起ころうと、この瞬間、生きていることでたくさんだ。

リンドバーグ（1902〜1974）アメリカ・飛行家

リンドバーグは陸軍飛行学校卒業後は郵便機の操縦士となったが、一九二七年五月二十日、単身二百二十馬力のライアン機でニューヨーク・パリ間五千八百九キロを三十三時間三十分で飛行し、大西洋無着陸横断に成功しました。

「……セントルイス号は徐々に上昇中だ。操縦桿を前に押す。左方向舵。旋回を止める。頭をプロペラーの風に当てて深呼吸する。よし、心と感覚が一致する。ついに睡魔《すいま》の呪縛《じゅばく》を破った。……何と大洋の美しいことよ！　何と大空の澄んでいることか！　点のような太陽！　何事が起ころうと、この瞬間、生きていることでたくさんだ」

出典　リンドバーグ『翼よ、あれがパリの灯だ』（旺文社）ほか

闇があるから光がある。

小林多喜二（1908〜1933）日本・作家

小林多喜二は秋田県に生まれ、小樽高商卒業後銀行に勤め、志賀直哉とともにロシア文学を学び、『蟹工船《かにこうせん》』を発表して作家となりました。昭和五年上京、プロレタリア作家同盟書記長となり、八年二月二十日、特高警察によって虐殺されました。この言葉は『書簡集』に収められているものです。

「闇があるから光がある。そして闇から出てきた人こそ、一番本当に光の有難さが分《わか》るんだ。世の中は幸福ばかりで満ちているものではない。不幸というのが片方にあるから幸福ってものがある。だから俺達が本当にいい生活をしようと思うなら、うんと苦しいことを味わってみなければならない」

出典　小林多喜二／小林三吾編『小林多喜二書簡集』（ほるぷ出版）

第10章

愛 友情 勇気

愛

天には星あり、地には花あり、人には愛なかるべからず。

ゲーテ（1749〜1832）ドイツ・作家

ゲーテは皇帝顧問官の子としてフランクフルトに生まれ、ライプチヒ大学、ストラスブルグ遊学ののち文学を志し、小説『若きウェルテルの悩み』は大評判になりました。

一七七五年、ワイマールに移り、宰相として公国の政治の中枢に参画する政治家となりました。その超多忙な政治家生活の中でたくさんの作品を完成させましたが、公務と詩作活動との矛盾に終生悩まされたといわれています。

ゲーテのこの言葉は、彼の活動を支えたものか、それとも願望だったのでしょうか。

カントも「この世で最も崇高なものは天上に輝く星と道徳律」と言っています。

やせがえる負けるな一茶これにあり。

小林一茶（1763〜1827）日本・俳人

一茶は最も庶民的な俳人として現在も多くの人々に愛されています。当時の俳諧は芭蕉や蕪村のような風雅を重んじた作風が主流でした。一茶も信濃から江戸へ出てそんな俳諧を学んだのです。

三十九歳で帰郷した時、父が死ぬ際、遺産を弟と半分ずつ譲ると遺言したのに邪魔者扱いされ、「故郷やよるもさわるも茨《ばら》の花」と嘆く句をよんで当時の俳諧の壁を突き破ったのでした。

以後、庶民感情あふれる数々の名作を残したのです。この句も、小さな弱いもの、貧しいものへの愛が溢れています。「我と来て遊べや親のない雀」など。

出典　小林一茶『おらが春』（高文堂出版社）ほか

愛は惜しみなく与う。

トルストイ（1828〜1910）ロシア・作家

ロシア文豪トルストイが旅行中の田舎《いなか》道で出会った七歳位の少女が、トルストイの腰に下げたユリの花の刺しゅうをした布製の鞄をほしがり、母親にせがみました。

それを見たトルストイが、「明日まで待ってください。明日には鞄はいらなくなるからきっと持ってきてあげるからね」と。翌日、女の子の家を訪ねたら、少女は急病で亡くなっていました。トルストイは墓前に鞄をささげ祈りました。母親は「お持ち帰りください」と言いましたが、トルストイは「お子さんは亡くなりましたが私の約束した心は死んでいません。私は自分の心に背きたくありません」と。

出典　鈴木健二ほか『人を動かす「名言・逸話」大集成』（講談社）

友情

友情は愛せられるよりは愛することに存す。

アリストテレス（前384〜前322）古代ギリシア・哲学者

友だちができないことを嘆く人がいます。

そういう人は、自分がまわりの人に何か冷たい風を吹かせているのではないか、と反省する必要があります。

友情とは、何かの報酬を期待することなしに何かを与えることによって成り立ちます。

真の友情とは無際限に与えること自体が喜びなのです。従って何を与えても惜しくないという友人をもつことは人生の幸せと言えます。

冷たい風というのは、友人にすべてを与える気持ちの薄いことを言います。与えても報酬を期待する気持ちを言います。無償の友情を受けて警戒する心を言います。

友のために苦しめば、その交わりは深くなる。

イギリス・ことわざ

私たちには遊ぶ友だちがいます。やがて心と心の交わりが始まり、遊ぶだけでなくともに学ぶようになります。

ともに学ぶというのは、ともに悩むということです。

そしてその悩むなかで結ばれた友情こそ深いと言えるのではないでしょうか。

中国の歴史家司馬遷は「その友を見てその人を知る」と言い、表記の言葉と同じイギリスのことわざに「順境は友をつくり、逆境は友を試みる」というのがあります。

「貧乏がこっそり戸口から家の中に忍びこんでくると、いつわりの友情はあわてて窓から逃げだす」という言葉もあります。

あなたの友情はどうですか？

友人を責めるのはひそかにし、これをほめるのは公にせよ。

ドイツ・ことわざ

人間として恥じない道を進め、と忠告するのは友人として大切なつとめです。

ところが、「忠言耳に逆《さか》らう」といって、誰でも忠言は聞きたくないものだから、嫌われてまで言おうとしないのが普通です。

それをあえて忠言してくれる友こそ、まことの友人なのです。

同じようなことわざがいくつもあります。

「声高らかにほめそやし、そっと責めなさい」（ロシア・ことわざ）

「友人の失敗には目をつぶれ、しかし、悪行には目をつぶるな」（イギリス・ことわざ）

論語には、「友あり遠方より来《きた》る、また楽しからずや」とあります。

友のない人は不幸です。

不遇の時こそ一番友情の度合いがわかる。

前田利家（1538〜1599）日本・加賀藩始祖

若い頃の前田利家は気が短く、正義漢でした。

信長に仕える茶坊主の中で家中の人事にまで口を出す者がいました。怒った利家はある時この茶坊主を斬りすてました。

そこで信長が立腹して閉門を命ぜられました。利家は言います。

「俺が信長さまに罰せられると、今までの友人が三つに分かれた。一つは俺がこういう目に会っていい気味だと嘲笑《あざわら》いに来る者。一つは信長さまを恨んでいるのではないかと探りに来る者。一つは俺のことを心配してくれる者だ。最後の本当の友人は一人か二人だった、不遇の時本当の友情がわかる」と。

秀吉がその一人だったのです。

出典　岡谷繁実『名将言行録』（岩波文庫）

友情は成長のおそい植物である。それが友情という名に値するまでは、いくたびか困難な打撃を受けて、耐え忍ばなければならない。

ワシントン（1732〜1799）アメリカ・初代大統領

アメリカ初代大統領に就任したジョージ・ワシントンは、大統領府の組織づくりに腐心していました。新生アメリカの多難な将来を担う重要なポストだけに、人材の適正な配置が大切だからです。その重要なポストの一つに二人の人物が名乗りをあげていました。一人はワシントンの古くからの親友、もう一人は政敵だったのです。

閣僚ポストが発表されたとき、そのポストには親友の名は見られず、政敵の名があったのです。

「なぜ？」周りの者が驚きました。

「確かに彼は親友で信頼も深い。しかし行政の実務では彼の方が劣る。彼にしたいが私情はだめだ」

出典　鈴木健二ほか『人を動かす「名言・逸話」大集成』（講談社）

友情は喜びを二倍にし、悲しみを半分にする。

シラー（1759〜1805）ドイツ・詩人

『落穂拾い』や『晩鐘』などの作品で有名な画家ミレーの不遇時代のことです。ミレーとその家族は、貧しさのため飢えと寒さにふるえていました。

そんな時、友人の画家ルソーが訪ねてきて、ミレーの作品を二百フランで買いたい男がいるのだが、その絵を売ってくれないかというのです。

もちろん買いたい男というのはウソで、ルソーが友の苦しい生活を見かね、また友に心苦しい思いをさせたくないと「ある男」が買ったことにして、実はルソー自身が買ったのでした。

のちに、画家として成功したミレーはこの事実を知り、感激に涙を流したといいます。

ともに咲くよろこび。

武者小路実篤（1885〜1976）日本・作家

ある年の七月、私が担任していた三年二組の期末試験でカンニング事件が起こりました。

Y子の机の下に落ちていた一枚の紙に、英語の単語がびっしり書かれていたのです。それを見つけたK子が、帰りの短学活で問題にしたのです。Y子は自分のメモとして書いたものでカンニングはしていないと弁明しました。

しかし、学級の生徒達は承知しません。その時、S子が敢然と立ちあがり、Y子を弁護して不当な中傷を糾弾したのです。その勢いに騒ぎはおさまりました。

この事件のあとS子とY子の友情が生まれ深まったのです。なんでも正直に言える友達をもち、正直に生きられる事は幸せな事です。

勇気

絶望は愚者の結論。

イギリス・ことわざ

不朽の名著『フランス革命史』の著者、トーマス・カーライル（イギリスの歴史家、一七九五〜一八八一）のエピソードを話します。

『フランス革命史』を数十年かけてやっと書きあげたカーライルは、あまりの嬉しさに友人にその原稿を見せました。

友人はその原稿を家に持ち帰り徹夜で読みふけり、明け方寝入ったところ、朝掃除にきた女中が紙屑と勘違いして原稿をストーブに燃やしてしまいました。

カーライルは失意のどん底に落ちましたが、自分を奮い立たせました。

「再度書き直す勇気ある者の書いたフランス革命史こそ本物だ」と苦難を乗り越えたのです。

願わくば、我が身に七難八苦を与えたまえ。

山中鹿之助（生没年未詳）日本・戦国時代武将

山中鹿之助は、尼子十勇士の先頭に立って、なんとかして尼子家を再興しようと努力しました。しかし、尼子家のような小さな大名家の再興は、天の時、地の利、人の和という三つの条件が整わなければ成功しません。

　ちょうどその頃は、織田信長が中国地方侵略の野望をもち、腹心の羽柴秀吉を毛利家と戦わせていました。その渦中に尼子家は巻きこまれてしまったのです。

　上月城に籠った尼子勝久と鹿之助を助けるために秀吉が派遣されましたが、信長の命で秀吉は引きあげ、尼子家は毛利家に降伏します。この言葉は苦境の人々を勇気づけます。

出典　岡谷繁実『名将言行録』（岩波文庫）

勇気のある人間は、自分自身のことはいちばんおしまいに考えるものだ。

シラー（1759〜1805）ドイツ・詩人

一九八一年冬、ワシントンでフロリダ航空の大事故がありました。

　乗客・乗員七十九人のうち救助されたのは五人でした。

　墜落当初、水中に生存者六人でしたが、救助は五人、残りの中年紳士はヘリコプターから投下された救命浮輪をおぼれかかった他の乗客に二度も渡し、自分は力つきて氷の下へ消えていくという英雄的な行為で死亡したのです。

　ヘリコプターで救出作業にあたった医者とパイロットは、「あれほど人の命のために自らを犠牲にした立派な紳士は見たことがありません。彼こそ真の英雄です」と。

　生前の彼は精一杯生きていたことでしょう。

こんな小さな人間でも、やろうという意志さえあれば、どんなことでもやれるということを信じるのだ。

ゴーリキー（1868〜1936）ロシア・作家

第二次大戦中、ナチスドイツ軍が作ったアウシュビッツという強制収容所で、「心身を破壊せよ」と四百万のユダヤ人が殺されました。

七月末、一人の男が脱走しました。一人の逃亡者に対し、見せしめのために十人が選ばれて殺されます。選ばれた者は全裸のまま、地下のコンクリート室に食物も水もなく放置され、餓死するのです。

大佐の指揮棒で犠牲者が選ばれました。その中の一人が最愛の妻と二人の子の名を叫び「死にたくない」と泣いたのです。その時一人の囚人が、「私が代わります」と申し出ました。それがコルベ神父でした。

神父の顔は輝いて見えたそうです。

博愛を実践するには、最も大きな勇気が必要である。

ガンジー（1869〜1948）インド・独立運動指導者

北海道に塩狩峠があり、宗谷本線「塩狩駅」に降り立つとホームの傍に碑があります。

「明治四十二年二月二十八日夜、塩狩峠に於《おい》て最後尾の客車、突如連結が分離、逆降暴走す。乗客全員転覆を恐れ、色を失い騒然となる。時に乗客の一人、鉄道旭川運輸事務所庶務主任長野政雄氏、乗客を救わんとして車輌の下に犠牲の死を遂げ全員の命を救う。その懐中よりクリスチャンたる氏の常持せし遺書発見せらる。

〈苦楽生死均《ひと》しく感謝。余はすべてを捧ぐ〉

右はその一節なり。三十歳なりき」

みんなのために命をすてる人がこの世には、いるのです。

誠実

この世すべて濁《にご》るとき、清《す》めるはそれがしひとりだけ。

屈原《くつげん》（前340?〜前278?）中国・文人、政治家

屈原は、中国戦国時代の楚《そ》の文人・政治家。懐《かい》王に信任されて要職にありましたが中傷されて懐王の子に放逐されました。

その後も国事を憂いつつ彷徨し、煩悶《はんもん》のうちに汨羅《べきら》の渕に身を投じました。彼の悲しみ、怒り、誠心《まごころ》は有名な『楚辞』に収められ、現代中国では愛国者として尊敬されています。

「この世すべて濁《にご》るとき、清《す》めるはそれがしひとりだけ。人びとみな酔えるとき、正気なはそれがしひとりだけ。されば追放の身となった。清らけきこの身に世の汚《けが》れをうけるくらいなら、いっそ大川に身を投げて、魚の餌食《えじき》になったがましじゃ」

出典　司馬遷『史記』（弘文堂）ほか

八百のうそを上手に並べても、誠一つにかなわざりけり。

日本・道歌

美しい日本語をとり戻したいと思います。

言葉は心です。

「一つの言葉でけんかして、一つの言葉で仲直り、一つの言葉で頭が下がり、一つの言葉で笑い合い、一つの言葉で泣かされる」

うそのない、誠のこもった言葉こそ大事なのです。

言葉は単にことばの問題でなく、人間の問題であり、その心を正しく豊かにすることです。

次は「五心」です。

「『はい』という素直な心」

「『おかげさまで』という謙虚な心」

「『私がやります』という奉仕の心」

「『すみません』という反省の心」

「『有難う』という感謝の心」

言葉は人を表わすのです。

人を相手にせず、天を相手にせよ。天を相手にして、おのれをつくし、人をとがめず、わが誠の足らざるを尋ぬべし。

西郷隆盛（1827〜1877）日本・政治家

西郷隆盛は幕末、維新期の政治家です。薩長連合、王政復古、戊辰戦争、江戸開城などに尽力。新政府の首脳となるが征韓論に敗れて下野し帰郷、西南戦争は負け戦さと知りつつ参戦、自刃しました。

この言葉は西郷の語録『南州翁遺訓』の中にあり、『敬天愛人』（天を敬い人を愛せよ）が口ぐせでした。

「命もいらず名もいらず官位も金もいらぬ人は始末に困るものなり。此の始末に困る人ならでは、艱難《かんなん》を共にして国家の大業は成し得られぬなり」とも言っています。

勝海舟は言います。

「彼は鐘のようだ。大きくつけば大きく鳴り小さくつけば小さく鳴る」と。

付 教育

◎朝《あした》に道を聞かば、夕《ゆうべ》に死すとも可なり。
——孔子（前五五一-前四七九）中国・儒教始祖

◎求めよ、さらば与えられん。尋ねよ、さらば見出されん。門を叩けよ、さらば開かれん。
——キリスト（前四？-後二九？）ユダヤ・キリスト教始祖

◎まことに日に新《あらた》に、日日に新に、又日に新なり。
——『大学』中国・儒書

◎平常心これ道。
——道元（一二〇〇-一二五三）日本・鎌倉時代の僧

◎怒ることを知らないのは愚かである。しかし怒ることを知ってよく忍ぶ者は賢い。
——イギリス・ことわざ

◎知って行わざるは、知らざるに同じ。
——貝原益軒（一六三〇－一七一四）日本・儒者

◎志《こころざし》なき人は聖人もこれを如何《いかん》ともするなし。
——荻生徂徠（一六六六－一七二八）日本・儒者

◎道徳的な百万遍のお題目より、道徳的な一つの行為のほうが正しいことはいうまでもない。
——スウィフト（一六六七－一七四五）イギリス・作家

◎よい問いは、答えより重要だ。
——リチャードソン（一六八九－一七六一）イギリス・作家

◎人間は教えている間に学ぶ。
——ルソー（一七一二－一七七八）フランス・思想家

◎人は人によってのみ人となるを得るべし。人より教育の結果をとり除けば何物も残らざるべし。
——カント（一七二四－一八〇四）ドイツ・哲学者

◎人を最も感動せしむるものは、その心奥より出でたる言葉なり。

——ゲーテ（一七四九－一八三二）ドイツ・作家

◎完全なる教育を子女にのこすは最良の遺産。

——スコット（一七七一－一八三二）イギリス・詩人

◎教育の秘訣は、生徒を尊敬することにある。

——エマーソン（一八〇三－一八八二）アメリカ・思想家

◎いかなる教育も、逆境に及ぶことなし。

——ディズレリー（一八〇四－一八八一）イギリス・政治家

◎教育は、すなわち人に独立自尊を教えて、これを躬行《きゅうこう》、実践するの工夫をひらくものなり。

——福沢諭吉（一八三四－一九〇一）日本・教育家

◎人を教ゆるに行を以てし、言を以てせず、事を以てせず。

——乃木希典（一八四九－一九一〇）日本・軍人

◎子どもをよくさせる最善の方法、それは彼を仕合わせにしてやることだ。
――ワイルド（一八五四－一九〇〇）イギリス・劇作家

◎人間は、あまり必要でないことを多く学ぶよりも、必要なことを少し考えるほうがよい。
――ショウ（一八五六－一九五〇）イギリス・劇作家

◎すべて真実なものは、この上なく美しい。
――ガンジー（一八六九－一九四八）インド・独立運動指導者

◎我々は、まず人間から出発しなければならない。
――ジイド（一八六九－一九五一）フランス・作家

◎独創的な表現と、知識の喜びを喚起させるのが、教師の最高の術である。
――アインシュタイン（一八七九－一九五五）アメリカ・理論物理学者

◎学ぶとは、誠実を胸に刻むこと。教えるとは、ともに希望を語ること。
――アラゴン（一八九七－一九八二）フランス・詩人

あとがきに代えて

この本をどのように活用するか

厳しい年を予想させる一九九七年の元旦、いつものように多くの教え子から年賀状が届いた。

『努力はすべての扉を開く』という去年の先生の年賀状の言葉を目標に、一年間頑張りました」、「三年最後の通信簿に書かれてた『嵐は強い樹を作る』という先生の言葉が、いつも僕に勇気を与えてくれます」、『志あれば事ついに成る』先生、私は念願の保母になりました」など嬉しい便りばかりであった。中には挫折しかかって『朝の来ない夜はない』という名言を杖に立ちあがろうとしている者もあった。

教え子だけでなく私自身もいかに多くのことを、これらの名言から教えられたことか。『仕事の中で自分をみがけ』と自分を叱咤し、『教えながら学べ』と生徒に向かい、『泣くな、怒るな、怠けるな』と自分に言い聞かせてきた。

教職について以来、子ども向きの名言が目に触れるたびに記録してきたノートを、私は次のように活用してきた。

❶卒業、入学、新学期の贈る言葉に　私は卒業する三年生最後の通信簿記録欄に、一人一つずつの名言を書いた。もちろんその生徒に適した名言であるから、全員異なった言葉である。この言葉を人生のモットーにしている教え子が多いことに驚いている。

❷学級での訓話に　『名言は我々が釈明に困っている場合、驚くほど役に立つ』（プーシキ

ン）だけでなく、名言の一つ一つが生徒の心に深い感銘を与える。

❸教室の日めくりにして　生徒に三十一の名言を選ばせ、それを一日から三十一日までの日めくりに作る。朝の短学活に名言の意味や人物の紹介をするのだが、生徒に割りあてて調べさせ発表させるのも関心が高まる。これがきっかけで、ゲーテの『ウィルヘルムマイスター』を読破し、大学でゲーテを専攻した生徒が出たりした。

❹自分の好きな名言を　一年始めに一つだけ選ばせ、それを机の前の壁に三年間はらせて、座右銘にさせたことがあった。三年間が十年以上になった生徒も多い。

❺学級・学年通信に　私は現役時代には、学級通信を毎年百号発行したが、その時載せた名言の解説は父母にも好評であった。

❻グループ日誌に　生徒と教師の文字による対話の中に、名言を活用することによって、より明確に事態が理解できる場合が多い。これは私自身の思考の助けにもなった。

❼年賀状に　新年を迎えた新鮮な生徒の心に、担任から贈られた名言は、ハッとするような感銘を刻むものだ。

❽教育相談に　いかに多くの迷える心に光を与えたことか。

《言葉は人に生きる力を与えてこそ名言となる》

右は約十年前に出版した本書の「あとがきに代えて」の文章ですが、時の経過とともに時代も変わり、名言の解説も時代の変化に適応するように多くの部分で加除訂正を加えました。新装成った本書をごらん頂き、毎日の生活に活用して頂ければ幸いです。

二〇〇八年一月　　柴山一郎

タ行

ナ行

ハ行

人名索引
50音順

●著者紹介

柴山 一郎（しばやま いちろう）

一九二七年福岡県久留米市生まれ。

早稲田大学卒業。東京都八王子市立第五中学校校長を最後に三七年間勤めた教職を退いた。在職中は教育課程・学校評価研究や特別活動とくに学年・学級経営、生活指導、性教育などの研究・実践に努めた。退職後は、八王子市教育センターで青少年相談員を二年間勤め、日本教育新聞社編集委員、教育公論社主幹として新聞・週刊誌づくりを九年。他に公民館の家庭教育学級やPTAなどで思春期の諸問題について講演している。現在は文筆業に専念。

主な編著書は『児童生徒に聞かせたいさわやか1分話』『児童生徒に聞かせたい心が育つ1分話』（学陽書房）、『中学校学校経営辞典』（小学館）、『講話資料集』（第一法規）、『生きる力を育てる』（文教書院）『15年めのおくりもの』（金の星社）「指導と管理が機能する学校評価」（明治図書）など多数。

新版 児童生徒に聞かせたい 名言1分話

二〇〇八年二月一五日 初版発行
二〇〇九年八月五日 三刷発行

著者 柴山一郎
発行者 光行淳子
発行所 学陽書房

東京都千代田区飯田橋一－九－三
営業電話 〇三－三二六一－一一一一
FAX 〇三－五二一一－三三〇〇
編集電話 〇三－三二六一－一一一二
振替口座 〇〇一七〇－四－八四二四〇

装丁 佐藤 博　装画 谷口周郎
印刷／加藤文明社　製本／東京美術紙工
ISBN 978-4-313-65163-0 C0037